VALCAPELLI

Vivendo numa boa!

Viver melhor com atitudes saudáveis, sem perder o colorido da vida

© 2016 por Valcapelli
© David Lees/Getty Images

Coordenadora editorial: Tânia Lins
Coordenador de comunicação: Marcio Lipari
Capa e projeto gráfico: Jaqueline Kir
Diagramação: Rafael Rojas
Preparação e revisão: Equipe Vida & Consciência

1ª edição — 1ª impressão
8.000 exemplares — fevereiro 2016
Tiragem total: 8.000 exemplares

**CIP-BRASIL — CATALOGAÇÃO NA PUBLICAÇÃO
(SINDICATO NACIONAL DOS EDITORES DE LIVROS, RJ)**

V236b

    Valcapelli
    Vivendo numa boa / Valcapelli. 1. ed. — São Paulo:
    Vida & Consciência, 2016.
    288 p. : il. ; 21cm.

    ISBN 978-85-7722-456-2

    1. Saúde. 2. Bem-estar. 3. Qualidade de vida. I. Título.

15-25782   CDD: 613
                                   CDU: 613

Todos os direitos reservados. Nenhuma parte desta edição pode ser utilizada ou reproduzida, por qualquer forma ou meio, seja ele mecânico ou eletrônico, fotocópia, gravação etc., tampouco apropriada ou estocada em sistema de banco de dados, sem a expressa autorização da editora (Lei nº 5.988, de 14/12/1973).

Este livro adota as regras do novo acordo ortográfico (2009).

Vida & Consciência Editora, Gráfica e Distribuidora Ltda.
Rua Agostinho Gomes, 2.312 — São Paulo — SP — Brasil
CEP 04206-001
editora@vidaeconsciencia.com.br
grafica@vidaeconsciencia.com.br
www.vidaeconsciencia.com.br

Sumário

Apresentação...7

Parte 1 — Viver com sabedoria............... **9**

A arte de amar...10

A beleza de cada um.................................14

A jornada interior.......................................18

Guerra energética.....................................21

A humanização do profissional.........27

A negatividade das notícias 31

Emoções sufocadas 36

Bullying 40

Cai na real..44

Enfraquecendo os laços.......................47

Desafios e obstáculos............................51

Obsessão mental.....................................54

O perdão 58

Consciência metafísica.........................62

Metafísica sem mistério 65

Culpa e castigo 69

Uma vida melhor 73

Depressão 77

Férias escolares 81

Higiene mental 84

Livre para viver 88

A fúria da natureza 92

Espantando o medo 96

Os bancos e você 100

Os conflitos amorosos 104

Excesso de trabalho 108

Paixão nacional 112

Carnaval e qualidade de vida 116

Coração feliz 120

Que tipo de pai é você? 124

Incentivo à leitura 127

Parte 2 — Viver com saúde 131

Uma conquista interior 132

Saúde emocional 136

A alma feminina 140

Feminilidade e afeto 145

Menopausa sem crise 150

O benefício do perdão 154

Diabetes 160

Gripe e pneumonia 165

Gripe: previna-se! 169

Ai, que dor de cabeça! 172

Tipos de alergia 176

Os pensamentos 181

A voz das emoções.............185
Libertação e cura 189
Saúde e doença..................194
Por que adoecemos? 198
Visão holística 201
A força dos dentes..............204
Obesidade infantil...............209
Metafísica da dor................213
À flor da pele 217
A somatização....................222
Gastrite ou úlcera? 226
Intoxicações existenciais 230
Preferências alimentares 234

Parte 3 — Viver com as cores 240

A cor na saúde...................241
Personalidade e cor 249
Roupas coloridas.................254
A cor no trabalho 259
Na hora do gol...................263
Na virada do ano................268
Inspirações das cores 272
Luz e cor..........................275
A cor no sonho...................278

Para ser nosso próprio mestre,
é necessário fazer as próprias
escolhas e assumir resultados,
sejam quais forem.

Apresentação

Ao longo das últimas décadas tenho sido convidado para escrever artigos ou matérias para a imprensa.

Desenvolvi importantes temas sobre o bem-viver, para que o leitor pudesse aprender a lidar com as situações do cotidiano, aplicando o conhecimento para minimizar os conflitos e viver com sabedoria.

Neste livro fiz uma coletânea dos artigos baseados em três temas centrais. Trata-se de profundas reflexões sobre assuntos variados, da influência das cores e das atitudes saudáveis para o corpo e para a mente, promovendo estabilidade emocional e saúde física.

Na primeira parte, selecionei artigos sobre situações importantes que são atemporais, com profundas reflexões fundamentadas na concepção da metafísica, buscando o cerne das questões abordadas.

Na segunda parte, compilei os assuntos que tratam de saúde. Eles são compreendidos conforme a "metafísica da saúde". Fiz uma abordagem inédita, que promove a consciência e indica os caminhos de uma nova conduta para uma vida saudável.

Na terceira parte reuni alguns temas sobre cores, visto que elas estão presentes no cotidiano de todos e podem tanto minimizar os conflitos como manter o colorido da vida. Elas tornam a nossa existência agradável e bela, propiciando-nos bem-estar e felicidade.

Ampliar a consciência sobre alguns fenômenos promove saúde e qualidade de vida.

Aproveite!

PARTE 1: VIVER COM SABEDORIA

A ARTE DE AMAR

É preciso talento para se relacionar

O amor é um dos principais sentimentos que estabelece laços entre os familiares, os casais, os amigos e os colegas de trabalho.

A capacidade de amar é inerente aos seres humanos. Todos possuem essa fonte inesgotável de sentimento.

Quando se ama, esse componente jorra ininterruptamente pela pessoa amada. Esse sentimento pertence a quem ama e não à pessoa amada. Esta, por sua vez, desperta o que existe no próprio ser.

O amor vem acompanhado de ternura e afetividade, componentes presentes em sua manifestação. Ele é o principal responsável pela magia dos encontros, pela visão poética das situações e por muitos sonhos de amor que extrapolam a realidade, ampliando as dimensões do ser.

As relações familiares são consideradas berço da manifestação do amor. As primeiras punções de sentimento são manifestadas entre os entes queridos.

A partir dessas relações, o afeto é contínuo nos próximos envolvimentos. Por outro lado, os bloqueios afetivos instituídos nessa fase também são deslocados para as relações futuras, tornando a pessoa difícil de conviver.

Mesmo em diferentes doses, o amor se manifesta nas relações interpessoais. Sem ele, os relacionamentos seriam frios e meramente casuais, não estabeleceriam laços, tampouco proporcionariam sensações agradáveis no cotidiano.

Quando gosta de alguém, a pessoa é tomada por uma pequena dose de sentimento, tornando as relações entre os amigos uma deliciosa convivência.

Ainda que momentaneamente, o sentimento torna agradáveis os vínculos de amizade. Quem se relaciona bem com os colegas é tomado por certa dose de afeto, que intensifica a vertente do amor.

O mesmo se dá nas relações com os colegas de trabalho: a intensidade do sentimento manifesto pode não ser grande, mas, em virtude da regularidade da convivência durante o expediente, denota elevada dose de carinho.

Essas formas de relacionamento estão diretamente ligadas às condições afetivas da vida pessoal. Quem é feliz no amor convive bem com os membros da equipe.

Já as dificuldades amorosas repercutem negativamente nas relações profissionais, pois a pessoa se torna fria, extremamente rígida e indiferente para com aqueles que a cercam.

Os laços amorosos são as principais vertentes do amor. Essa área da vida reflete tanto os potenciais afetivos quanto os conflitos de relacionamento. O sentimento é mais intenso com a pessoa amada. O fato de estar bem com o parceiro ou parceira proporciona felicidade.

Uma pessoa mal-amada não consegue se dar bem com aqueles que a cercam no seu cotidiano. A escassez de afeto intensifica os conflitos relacionais, podendo gerar apego, ciúme e inveja.

As frustrações amorosas são projetadas nas relações alheias em forma de inveja. O invejoso desloca para os outros seu desejo ardente de ser feliz, pois se sente incapaz de conquistar aquilo que alguém esbanja na sua frente.

As relações amorosas são acompanhadas de fortes elos e desejos de proximidade, porém, quando se tornam apego, demonstram falta de posse sobre suas qualidades afetivas. A pessoa não acredita em sua capacidade de ser feliz ao lado de quem ama.

O ciúme é a manifestação do apego. Esses sentimentos corroem o amor, transformando-o em neurose. Os ciumentos não acreditam neles próprios, tampouco consideram-se no direito de ser felizes. Além de dependentes, têm medo de perder o relacionamento. O medo é a personificação da fragilidade afetiva.

Para viver um grande amor é necessário ultrapassar as barreiras do isolamento, libertar-se dos bloqueios e das neuroses e se entregar aos sentimentos, sem medo de ser feliz.

Superar as barreiras é uma questão de enfrentamento. Não se pode fugir ou negar os sentimentos rancorosos desencadeados pelos traumas.

Superá-los é indispensável para a felicidade amorosa e existencial.

A BELEZA DE CADA UM

A maneira como a pessoa olha para si define seu estado emocional

Muito se fala sobre beleza. Este assunto move uma indústria que se especializa em produtos cosméticos para atender à crescente demanda do mercado que busca os benefícios estéticos para melhorar a aparência.

As pessoas buscam fora de si, nos produtos, nos cuidados excessivos com o corpo, chegando a se tornarem escravas da beleza e dependentes da opinião dos outros a seu respeito.

Os padrões estéticos de beleza mudam de acordo com a época. Enquanto hoje a aparência magra se destaca, em épocas passadas era exatamente o contrário, as "cheinhas" faziam mais sucesso.

Na época do Impressionismo, por exemplo, as obras de Renoir valorizavam as mulheres mais "cheinhas". Os artistas encontravam nessas mulheres a beleza feminina, que era eternizada em suas obras. O quadro de 1888, intitulado *After the bath* (Depois do banho), de Renoir, evidencia a sensualidade de uma mulher com sobrepeso.

Em tempos remotos, uma pessoa abaixo do peso poderia ser considerada doente. Atualmente é o contrário, quanto mais magra a pessoa, maior sua possibilidade de destaque na sociedade, enquanto as com sobrepeso podem sofrer até discriminações.

A moda valoriza o baixo peso. O senso comum da população é influenciado por esses modelos impostos pela mídia e valorizados pelos estilistas, que desenham roupas, em sua grande maioria, em tamanhos cada vez menores.

As pessoas, por sua vez, procuram se ajustar a esses modelos estéticos desenhados. Geralmente fazem de tudo para estar na moda, tornando-se escravas das aparências.

Os modelos de beleza provêm do meio, mas a aparência de cada pessoa é definida basicamente por dois fatores: físicos e emocionais. Os aspectos fisiológicos são herdados geneticamente.

Em relação ao estereótipo físico, como a estatura, o peso e a aparência, há alterações possíveis, que exigem muito empenho: pode-se usar um salto alto, fazer uma dieta e cuidar da aparência usando produtos de beleza. Isso tudo é válido, mas não pode se tornar um martírio existencial.

A constituição emocional influencia significativamente o estereótipo físico, mas alterações exigem reformulações de certas crenças e valores, tais como a definição que a pessoa tem de si mesma, quem é ela perante os outros, qual sua projeção no meio em que vive. Uma pessoa com boa desenvoltura, por exemplo, torna-se encantadora e, de certa forma, até bela.

A maneira como a pessoa olha para si define seu estado emocional. Quem se julga feio, gordo e desajeitado sente-se mal, com baixa autoestima. Esses abalos emocionais afetam negativamente sua desenvoltura e acentuam suas características negativas.

Os cuidados com a aparência, por exemplo, podem mudar essa condição emocional e elevar a autoestima. Ao passar um creme no rosto, cuidar dos cabelos ou se maquiar, a pessoa pode aproveitar esse momento para desenvolver um sentimento favorável por si mesma, e não ser mais um gesto para agradar os outros.

Então, os cuidados com a aparência podem se tornar um caminho para o ser, um momento de investigação dos sentimentos e de promoção da autoestima.

Não se arrume para os outros, mas para que você se sinta bem consigo mesma. Transforme aqueles momentos dedicados a se vestir e se maquiar numa ocasião especial de carinho.

A beleza pode ser interessante para os outros, mas não é tudo para a própria pessoa.

A felicidade, por exemplo, é influenciada mais pelos componentes internos do que pelos fatores externos.

Por isso olhe mais para dentro de si do que para o corpo e para fora.

A JORNADA INTERIOR

Para ser nosso próprio mestre, é necessário fazer as próprias escolhas e assumir resultados, sejam quais forem

Raramente acessamos nossa capacidade de nos autodirigirmos, pois isso implica fazer escolhas e, consequentemente, assumir os desacertos, o que requer consistência interna e uma boa relação consigo mesmo.

Quando nossas apostas dão errado e os esforços são em vão é que precisamos de força, de compreensão e de autoperdão.

A falta de autoamizade e de firmeza nos leva a delegar aos outros o poder de decisão. Recorremos às pessoas que consideramos mais sábias que nós e damos a elas o poder de comandarem nossa vida, em vez de assumirmos o automestrado.

Não raro nos decepcionamos com certas condutas daqueles a quem atribuímos elevado valor espiritual, e que norteiam a nossa vida. Esquecemos que eles são pessoas, habitantes deste mundo e, como tais, sujeitos a dificuldades, vulnerabilidades e fraquezas.

Mas quem mais possui elementos acerca daquilo que estamos vivenciando somos nós mesmos. O fato de nos encontrarmos imersos nas situações que se mostram difíceis desenvolve ingredientes internos, substâncias para minimizar os conflitos momentâneos e também aqueles mais sérios ou aparentemente insolúveis.

Um verdadeiro mestre não é aquele que soluciona as complicações ou resolve nossos problemas, mas sim aquele que nos fortalece para enfrentarmos as dificuldades, sem negações, subterfúgios e autoabandono.

A jornada interior em busca do automestrado não significa romper com os sinais do meio, tampouco deixar de aprender com as experiências alheias. Trata-se de um caminho margeado pelos elementos existenciais e pelas pessoas do convívio em direção a nós mesmos.

Portanto, não devemos bifurcar nossa trajetória dirigindo-nos às pessoas que compartilham da nossa vida.

Para ser nosso próprio mestre, é necessário fazer as próprias escolhas e assumir resultados, sejam quais forem.

Devemos tomar a direção da nossa vida e não ficar em torno dos outros ou viver em função da materialidade e dos acontecimentos ruins. É deixar tudo e todos à margem de nossas decisões e seguir em direção a nós mesmos.

Lembre-se: ninguém conhece mais o que nos acontece do que nós mesmos; nenhum ser possui mais cumplicidade e torce pelo bom andamento daquilo que realizamos do que nós, que vamos colher os frutos do bom desempenho.

Seja você o seu próprio mestre! Assuma sua grandeza não sobre os outros, mas sobre as dificuldades existenciais. Assim os problemas minimizam, as possibilidades aparecem e tudo é solucionado no momento oportuno.

Ao se tornar consciente dos potenciais do Ser e aplicá-los no cotidiano, os problemas são sanados, melhorando as condições de vida.

GUERRA ENERGÉTICA

*No âmbito espiritual, estamos numa fase
de transformação planetária em que
os espíritos trevosos serão exilados
da Terra para outros planetas*

Estamos vivendo numa época de guerra, que se passa no âmbito energético e espiritual, cujos territórios envolvidos são definidos por campos de energias nocivas.

Os participantes ingressam nessas esferas com suas insígnias vibracionais, ou seja, o quanto de negatividade eles produzem dentro de si. Quanto maior o negativismo, mais alto o posto que eles ocupam nessa guerra e mais próximos ficam do campo de combate.

No âmbito espiritual, estamos numa fase de transformação planetária em que os espíritos trevosos serão exilados da Terra para outros planetas. Existem previsões de diferentes segmentos religiosos e filosóficos.

Dentre elas destacam-se: "será separado o joio do trigo" (Jesus); "o planeta irá se transformar de prova e expiação para regeneração, e somente os espíritos evoluídos permanecerão aqui" (espiritismo kardecista); "um planeta denominado 'planeta cinza' vai se aproximar da Terra e capturar as almas que vibram numa determinada frequência e conduzi-las para o cosmo".

Durante essa fase de mudanças na esfera espiritual do planeta, os espíritos do mal, que atuam como príncipes das trevas, são retirados das zonas mais profundas do umbral, de onde coordenam a maldade e onde permanecem protegidos por suas estratégias de defesa, tornando-os praticamente inacessíveis ou invioláveis.

O plano espiritual superior ou os espíritos de luz convocam essas entidades para reencarnarem entre nós. A convocação para nascerem é recebida como um desafio.

As entidades são instigadas a entrarem no campo de batalha do plano físico e sentirem o ardiloso gosto da maldade praticada por suas próprias mãos. Isso os motiva a reencarnarem.

Por outro lado, essas entidades têm a oportunidade de sair do emaranhado espiritual em que se encontram, abdicar da maldade e redimir-se ao bem. Elas nascem em famílias relativamente estruturadas, com chance de desenvolverem uma trajetória digna, trilhando no caminho do bem.

Obviamente, elas atraem alguns percalços durante seu desenvolvimento, sofrem certos tipos de abuso, de maus-tratos e de outros desconfortos que, apesar de serem relativamente graves, são reflexos amenizados de padrões extremamente nocivos que as entidades trazem arraigados no interior delas.

Em alguma fase da vida, a maioria dessas entidades se rebela e apresenta sua face da maldade, praticando crimes e outras atrocidades. Além dos efeitos diretos de suas ações sobre as vítimas, esses atos criam campos energéticos de maldade, que vibram negativamente, se estendem além do cenário e se propagam pelo boca a boca ou pela mídia que noticia maciçamente esses eventos maldosos.

A esfera energética fica poluída com essas ondas de maldade, formando uma espécie de campo de batalha, lançando ondas nocivas que explodem como bombas nas auras das pessoas que entram nessa sintonia.

Os alistamentos são processos emocionais que se passam quando essas pessoas se sentem emocionalmente abaladas com a negatividade que paira sobre todos nós.

Nessa guerra energética e espiritual, os participantes são convocados pela imprensa, que divulga repetidas vezes os crimes e as notícias que suscitam a revolta de seus leitores e telespectadores, apregoando o medo na população.

Esse sentimento ameaçador causa uma espécie de implosão dos impulsos gerados internamente para reagir às ameaças. Como os agentes ameaçadores não existem de fato, são imaginários e baseados nas experiências alheias, não há nada a ser feito.

Com isso, as forças reativas são reprimidas e se convergem em componentes nocivos, causando prejuízos energéticos no campo áurico. Simultaneamente surgem sentimentos ruins, como a revolta, que comprometem a qualidade de vida.

As vítimas dessa guerra estão solitárias, ficam confinadas em suas casas como reféns do medo, sofrendo de depressão, síndrome do pânico e outras doenças da atualidade, que fazem centenas de milhares de vítimas em todo o planeta.

Esses estados emocionais proporcionados pelos reflexos da maldade alheia, que foram internalizados, geram uma força de atração para os eventos desastrosos, expondo ao risco de sofrer as mesmas atrocidades.

Dessa guerra só participam aqueles que sintonizam a negatividade. Portanto, não há vítimas, somente sincronicidade emocional e energética.

Pode-se dizer que você tanto pode participar dessa guerra quanto permanecer fora dela. Ela não está acontecendo numa região específica do planeta, mas dentro de cada um que vibra negativamente.

A pessoa se torna participante e multiplicadora dessas energias, que se propagam pelo mundo inteiro e arrebanham uma leva de participantes, potencializando o mal que nos assola.

Enquanto isso tudo acontece, existem as forças espirituais elevadas, representadas pelos mentores, anjos da guarda, mestres ascensionados e outras entidades de luz, que arrebanham voluntários para vibrarem positivamente e reforçarem o exército do bem.

Nessa esfera elevada não há combate, somente atitudes inabaláveis, que vibram na positividade e não se deixam contagiar pela negatividade, minimizando a maldade.

As entidades de luz que monitoram nossa experiência e intercedem nos momentos cruciais não superprotegem, tampouco mimam.

Elas respeitam nossas escolhas acerca do padrão energético que queremos vibrar.

Tão logo elevamos nossas vibrações, elas intercedem, nos protegendo e nos livrando do mal de que estamos cercados. A fé é a nossa insígnia de participação nesse exército de mentores.

Quanto mais acreditamos, mais nos esquivamos da maldade e aumentamos o número de ocorrências boas no cotidiano.

Você está sendo alistado no exército das entidades de luz. Para ingressar e sair das trincheiras corrosivas dos sofrimentos, basta acreditar no bem maior e nas almas benevolentes que estão sempre presentes e dispostas a nos conduzir no caminho da bondade, rumo à evolução espiritual.

Seja um soldado do bem, marche para a lucidez, apregoando o positivismo.

Espalhe o bom humor e opte por ser feliz, cultivando em seu coração o amor e a paz!

A HUMANIZAÇÃO DO PROFISSIONAL

*Nos dias de hoje, as preocupações
com o trabalho deslocam as pessoas,
tornando-as ausentes*

A atividade profissional tem se tornado cada vez mais intensa. Geralmente o horário de expediente não tem sido suficiente para dar conta dos serviços, trabalha-se até mais tarde ou se leva serviço para casa.

Cada vez mais o trabalho está entrando nos lares e fazendo parte das famílias. Quem não leva serviço para casa carrega as preocupações e as angústias das ocorrências vivenciadas durante o dia. Isso causa nervosismo e intolerância com os entes queridos, comprometendo a harmonia nos lares.

O trabalho invade a mente das pessoas e reprime suas expressões afetivas. Com isso, a vida pessoal tem sido sufocada pelos conteúdos profissionais e praticamente não sobra espaço para as pessoas serem pais, mães etc.

Mesmo estando ao lado de seus entes queridos, as preocupações com o trabalho deslocam as pessoas, tornando-as ausentes. Esses distanciamentos emocionais provocam lacunas afetivas que comprometem os laços familiares, desestabilizando o núcleo familiar.

As consequências desses comportamentos costumam ser desastrosas. Os filhos crescem carentes ou revoltados, o relacionamento entre o casal pode ser prejudicado etc.

Não raro as pessoas se relacionam mais com o serviço e com os colegas de trabalho do que com os próprios entes queridos. Essa relação enaltece a responsabilidade, reforça a maturidade, mas enfraquece a ternura e a docilidade. Nem sempre os componentes afetivos são externados com quem as tarefas são divididas.

As próprias tensões do trabalho restringem a manifestação desses componentes. Entre ser afetivo com os parceiros ou eficiente na execução das tarefas, a eficiência possui elevado valor profissional.

As pessoas desempenham suas tarefas com uma espécie de couraça que as distanciam umas das outras. O acúmulo de tarefas torna-se uma espécie de "blindagem relacional". As pessoas focam no serviço e não se integram com aqueles que estão à sua volta. Geralmente as relações no trabalho são superficiais e pouco fraternas. Os cargos muitas vezes substituem os nomes: é o chefe, o subordinado e assim sucessivamente.

O Ser é sufocado pelas condições profissionais. O trabalho forma uma espécie de engessamento afetivo, que se desloca para a vida pessoal, tornando as pessoas distantes e até indiferentes com seus entes queridos.

As trajetórias de vida nos centros urbanos têm basicamente o seguinte curso: as pessoas amadurecem, constituem família e se profissionalizam. Dedicam-se a produzir no trabalho, para "subir" na carreira e melhorar seu padrão de vida. Passam a viver em função de gerir recursos de sobrevivência própria para a família. Excedem seus limites para atender às exigências da empresa e manter a estabilidade econômica.

Em certo momento da existência, faz-se necessário refletir acerca do significado dessas condutas e do "preço" que se paga por viver dessa forma: que marido ou esposa a pessoa se tornou; qual o afeto e o carinho para com quem comunga dos mesmos ideais de vida; o amor floresceu, mas ainda existe nos corações de quem está junto? As responsabilidades e os compromissos do casal não podem sufocar o amor que um sente pelo outro.

Por outro lado, surgem também as perguntas: que pai ou mãe a pessoa tem sido?; tem preservado o espírito de comunhão com seus filhos, ou as responsabilidades com a educação reprimiram o carinho, gerando frequentes conflitos nos relacionamentos?

A educação dos filhos se dá em meio a esses emaranhados profissionais. Tão importante quanto os ensinamentos é o sentimento manifestado cotidianamente.

A humanização dos profissionais proporciona mais afeto com os entes queridos, evitando carências e revoltas dentro de casa.

A NEGATIVIDADE DAS NOTÍCIAS

*O mundo não é só esse campo de
tragédias onde verdadeiras batalhas
são travadas para permanecermos vivos*

Em 2011, tive a oportunidade de participar da Ação Global Nacional, que ocorreu no
Parque da Juventude, bairro do Carandiru,
em São Paulo.

Pude presenciar mais de mil voluntários
dedicando um dia de suas vidas em benefício
da população. Segundo informações veiculadas pela emissora, foram atendidas 90 mil

pessoas. Essas ações ocorreram simultaneamente na maioria dos estados brasileiros, proporcionando inúmeros benefícios ao povo de todo o país.

O clima era de paz, havia uma atmosfera de gratidão e solidariedade. Quem trabalhava na Ação demonstrava disposição e boa vontade, e as pessoas que procuraram os serviços estavam felizes. Presenciar tudo aquilo foi uma experiência gratificante para mim.

Enquanto tantas coisas boas aconteciam naquele sábado, os noticiários televisivos transmitiam eventos ruins, como uma quadrilha do sul do país que havia roubado caixas eletrônicos, um carro que tinha despencado numa depressão do quintal da casa etc.

A imprensa focalizou as ocorrências negativas, que envolveram apenas algumas pessoas. Tais fatos contrastavam com o que eu havia presenciado naquele evento que tinha envolvido milhares de pessoas e só foi noticiado por aproximadamente trinta segundos por apenas uma emissora de televisão. As demais redes nem o citaram.

Os eventos negativos são transmitidos e retransmitidos inúmeras vezes, bombardeando as pessoas que ficam em suas casas. Isso propaga uma ideia de temor e negatividade, contagiando centenas de milhares de telespectadores, ao passo que as boas ações passam praticamente despercebidas pela grande maioria da população.

A televisão é uma espécie de janela para o mundo, mas aponta para uma direção que não o resume. A todo momento acontecem coisas boas, mas infelizmente elas não são veiculadas.

Na ocasião do casamento do príncipe William, da Inglaterra, eu estava sentado numa padaria tomando café da manhã, de frente para uma televisão. Uma cena forte estava sendo veiculada na emissora: mais uma vez um caixa eletrônico tinha sido estourado, uma cena de violenta explosão, mas a destruição abrangia apenas alguns metros de diâmetro.

A forma como foi captada a imagem fazia parecer um imenso campo de guerra. Imediatamente, essa imagem foi congelada e substituída pela cena de um corredor enorme com um suntuoso tapete vermelho de uma igreja da Inglaterra preparada para a entrada da noiva, a plebeia que se tornaria princesa.

Naquele momento, lembrei-me da comparação que uma amiga havia feito, havia alguns anos, sobre a diferença entre o Brasil e a Suíça. "No Brasil", dizia ela, "as coisas ruins são noticiadas maciçamente: assaltos, criminalidade e outras barbaridades. Na Suíça não é assim. Quando eu morava lá, saía de manhã e passava numa região onde ficavam muitos bancos, e via caixas eletrônicos que eram estourados durante a noite. Os jornais daqueles dias veiculavam os encontros dos representantes políticos, os acordos firmados para beneficiar a população. Hoje em dia, os terminais eletrônicos dos bancos suíços são preservados e permanecem intactos."

Já no Brasil, quanto mais um assunto é noticiado, mais aumenta a incidência de casos do mesmo tipo. Parece que os absurdos não acabam nunca. De fato, eles acontecem e sempre aconteceram, mas nunca foram noticiados com tanta frequência nem apavoraram tanto a população, que fica olhando o mundo pela "janela televisiva".

Vale lembrar que o mundo não é só esse campo de tragédias onde verdadeiras batalhas são travadas para se permanecer vivo. O mundo também é um "jardim" onde ocorrem encontros, pessoas são felizes, estão se relacionando, namorando. Existe amizade e não apenas traição, vingança e jogos de interesse como nas tramas das novelas.

Talvez pareça assustador viver no mundo que a televisão exibe, mas interagir com a população em ocasiões agradáveis, participar ao vivo dos fatos, isso sim resume a mágica experiência da vida.

Quando presenciamos os acontecimentos bons, vibramos com eles, manifestamos os sentimentos mais agradáveis da vida, que "explodem do peito" numa sensação de felicidade, que poderia ser expressa com esta frase: "Como é bom viver neste mundo".

EMOÇÕES SUFOCADAS

As teias da mente aprisionam as emoções

Somos prisioneiros de nossas concepções mentais. Tecemos conjecturas geralmente desagradáveis, que interferem negativamente na interação com a realidade e reprimem os sentimentos, gerando angústia, medo, depressão, tristeza etc.

Pode-se comparar a mente com um computador que registra e processa as informações recebidas durante a interação com o ambiente. Ela relaciona os eventos do presente com as ocorrências do passado. A interpretação mental nem sempre condiz com a realidade, toma como verdadeiro o seu entendimento dos fatos, baseado nas vivências de outrora.

Essa concepção pode ser equivocada. Portanto, quem racionaliza restringe o fenômeno. Já aquele que sente o processo amplia sua percepção e se aproxima da verdade.

Nem sempre os acontecimentos têm a proporção que a mente lhes dá. Trata-se da velha e conhecida mania de dramatizar, comum à maioria das pessoas que deixa a mente conduzir suas vidas. O drama cria uma energia nebulosa, como uma espécie de fantasma que assombra os sentimentos.

Os eventos exteriores apenas suscitam as elucubrações mentais, despertando as emoções. O sofrimento e a qualidade de vida são constituídos principalmente pelos componentes internos.

Sofremos porque encaramos de maneira turbulenta e confusa os fatos, queremos entender o que é inexplicável para nós. Internalizamos as situações, definindo-as como abomináveis, e isso nos deixa emocionalmente abalados. Mergulhamos numa espécie de "fosso interno" de lamentações e amarguras.

Às vezes nos revoltamos com as situações e essa revolta compromete nossos talentos, dificultando as ações assertivas, que poderiam agilizar a solução. Mas, em vez disso, ela agrava ou adia o sofrimento.

Os estados positivos, como o bem-estar e a qualidade de vida, são decorrentes da maneira amistosa de interagir com o meio. É uma questão de distinção entre o que cabe a si e o que diz respeito aos outros. Também não devemos assumir o que é de competência alheia. Faz-se necessário extrair os componentes agradáveis ou construtivos dos episódios, que suavizam os acontecimentos, mas são ofuscados pela visão dramática.

Talvez você não tenha se dado conta de que a principal causa de suas angústias está dentro de si e não nos acontecimentos externos. Eles são trazidos para dentro, gerando todo o emaranhado de sofrimento que torna sua vida muito ruim.

Para mudar esse quadro, não espere as transformações externas, reavalie seus valores internos e comece a interagir com os acontecimentos de forma consciente, sem cobrança, sem exageros. Faça sua parte e deixe que a vida promova as alterações necessárias a seu bem-estar.

Lembre-se: a felicidade depende mais de suas condições internas do que das situações externas. Viva cada instante do caminho existencial colocando a mente a seu favor e não contra si.

A vontade ou os sonhos vêm de dentro e vão para o mundo, constituindo um caminho existencial promissor. Por outro lado, a mente e a razão extraem do mundo os componentes que são internalizados.

Quando somos movidos pelos sonhos, vamos trilhando um caminho de realizações que nos leva para o mundo exterior, preenchidos de nós mesmos. Trata-se de movimentos e interações nos quais nos sentimos presentes e participantes em tudo o que nos acontece.

Já a mente traz para dentro de nós as impressões externas, tais como as tormentas e as ameaças, que não dizem respeito a nossos verdadeiros sentimentos, tampouco à realidade dos fatos. São impregnações do meio que mexem com as emoções e nos atemorizam.

É chegada a hora de escolher entre realizar-se na vida, sendo autêntico e sincero para consigo mesmo, ou atender às expectativas que fazem a nosso respeito. Em suma: ser feliz ou agradar aos outros.

BULLYING

Quem pratica bullying geralmente se sente inferior e, para minimizar esse sentimento, se articula no grupo com comportamentos maldosos

Bullying é uma palavra inglesa derivada do verbo *bully*, que significa o uso da superioridade física para intimidar alguém. O termo também adota aspectos de adjetivo, referindo-se a "valentão" e "tirano".

Atualmente essa palavra tem sido adotada para designar os comportamentos agressivos e com requintes de crueldade que ocorrem principalmente nas escolas. Ela é usada para denominar tanto quem pratica quanto quem sofre tais práticas.

Não raro, alguns pontos incomuns dos colegas são motivos de brincadeiras, as peculiaridades são enaltecidas e, delas, surgem as gozações. Enquanto forem moderadas, e desde que não agridam a integridade da criança, são consideradas condições normais nas relações infantis, não caracterizando o bullying.

Porém, é evidente certos exageros cometidos por parte de algumas crianças que possuem poder de liderança, impulsos perversos e necessidade de se promover perante o grupo. Elas fazem provocações, disseminam comentários maldosos e cometem outras formas de agressões psicossociais e/ou físicas. Quando chega a esse ponto, já se caracteriza prática de bullying.

As crianças que praticam o bullying querem diminuir as outras, ridicularizando-as.

Quem age desse modo geralmente se sente inferior e, para minimizar esse sentimento, se articula no grupo com comportamentos maldosos.

Frequentemente, as crianças vítimas de bullying apresentam sentimentos de inadequação e de exclusão, que podem perdurar na vida adulta, provocando timidez e dificuldades de relacionamento.

O bullying que acontece na escola pode ter começado em casa. Os familiares ressaltam as dificuldades ou as marcas características das crianças usando termos pejorativos, fazendo brincadeiras maldosas, que fragilizam emocionalmente os pequenos, tornando-os vulneráveis a sofrerem bullying.

Os pais e os educadores devem conscientizar as crianças das dificuldades que elas apresentam e de seus pontos incomuns — como sinais característicos, peso e altura, por exemplo — sem que elas os encarem como problemas, mas que os vejam como algo próprio de sua natureza ou de sua constituição física. Suas peculiaridades podem distingui-las do grupo, mas não as diminuem perante os outros, tampouco as extinguem do meio.

Os obstáculos das crianças não são resolvidos com negação e indiferença, mas com diálogo e promoção da autoestima, por meio da valorização de suas qualidades. Esse tipo de conduta no lar instrumentaliza emocionalmente as crianças, evitando que elas sejam vítimas de bullying e se fortaleçam para lidar com alguns eventuais episódios desagradáveis com os colegas de escola.

As crianças que sofrem bullying não devem se isolar em casa ou deixar de se relacionar com os colegas. Diante dos episódios desagradáveis, elas precisam selecionar melhor os amigos, estabelecendo relações com aqueles que gostam delas do jeito que elas são, com as suas diferenças e dificuldades. As virtudes das crianças precisam ser enaltecidas tanto em casa, pelos pais, quanto por elas mesmas. Isso eleva sua autoestima e promove seu autovalor, evitando que elas deem importância a quem as maltrata e passem a considerar aqueles que realmente merecem sua amizade.

O desenvolvimento pessoal evita que as crianças sejam vítimas de bullying. Ele é promovido de ações cotidianas em família, com os pais e os educadores.

Esses procedimentos em conjunto são descritos no livro *Kiwi, o pintinho diferente*, de Síria Maria Mohamed[1].

---

1. Mohamed, Síria Maria. *Kiwi, o pintinho diferente*, Editora Vida & Consciência, São Paulo, 2008.

CAI NA REAL

*Se sua realidade não for promissora,
significa que você não tem dado
o melhor de si para sua vida*

A realidade é um constante convite para sua interação com o ambiente. O ser se faz à medida que interage com as situações ao redor. Realidade é o que se vive, é onde você se encontra. Pode-se dizer que sua realidade agora é diante deste livro, lendo este texto.

A essa realidade ou aos breves momentos que passamos com alguém, ou ainda a um lugar bonito em que ficamos por um breve período, chamamos de *realidade circunstancial*.

Considera-se real aquilo que se vive frequentemente, como a casa em que você mora, as pessoas com quem você se relaciona, o trabalho que você desempenha. Enfim, a realidade é a vida que você tem.

A realidade de cada um se faz de acordo com um modelo interior. Suas crenças, seus valores são elementos interiores que vão plasmando no ambiente as condições compatíveis a seus conteúdos. Pode-se dizer que o real só existe porque você o torna possível.

Se sua realidade é boa, parabéns! Isso é sinal de que você tem empregado bem seus potenciais e está usufruindo dos benefícios semeados.

Mas se sua realidade não for promissora, significa que você não tem dado o melhor de si para sua vida. Quem acredita na falta atrai uma realidade escassa. Quem está contra si encontra-se numa situação desfavorável. Assim, se sua realidade não estiver a contento, não se desespere. Acredite, assim como as coisas estão, elas poderão mudar.

Tudo muda se você mudar. Seja diferente diante das mesmas situações, que elas vão se alterar. Melhor dizendo, se não o valorizam, valorize-se; se as pessoas não o consideram, considere-se; se você não tem espaço em seu ambiente, sinta-se no direito de se expressar nele; se você não está encontrando um lugar para desenvolver seu potencial, sinta-se parte da sociedade, um cidadão com potenciais profissionais, disposto a executar atividade dentro de uma empresa.

Faça sua parte que a natureza se incumbe de trazer as condições. Esteja disposto a viver que a vida acolhe você.

ENFRAQUECENDO OS LAÇOS

*Quando se trata com atenção demasiada
os de fora e com descaso os de casa*

Em certa ocasião, estava começando um curso no Espaço Integração Ananda que teve uma repercussão acima do esperado. Conforme as pessoas foram chegando para a primeira aula, notei que iriam faltar pastas com o material de apoio e a apostila do curso.

Não demorou para surgir a opção mais comum a esse tipo de dilema: entregar as pastas para as pessoas novas e, posteriormente, para as demais, que já eram de casa, isto é, as que já tinham feito outros cursos e estavam há algum tempo frequentando o Espaço.

Então me dei conta do que isso significaria: prestigiar as pessoas novas em detrimento dos clientes mais antigos. Essa conduta fere o princípio do Espaço, de atender tanto os clientes assíduos quanto os novos com a mesma qualidade. Decidimos dar o material a quem havia feito a inscrição, pois a quantidade de pastas foi baseada nas reservas antecipadas para o curso, independentemente do tempo que frequentavam a casa.

A conduta de priorizar os novos clientes está presente em várias empresas. Os empresários parecem não se dar conta das perdas ocasionadas ao comprometerem a qualidade dos serviços oferecidos aos clientes já fidelizados. Quando esses clientes forem à concorrência e receberem tratamento especial, serão seduzidos a trocarem a relação comercial desgastada pelos novos serviços recebidos.

Ao entrar numa loja para efetuar compras, por exemplo, somos bem tratados. Porém, quando voltamos à mesma loja, geralmente para esclarecimentos adicionais sobre os produtos adquiridos ou eventuais trocas de mercadorias, estabelece-se uma relação pós-venda.

Não raro, o tratamento dispensado pelo vendedor que nos atendeu anteriormente torna-se visivelmente diferente — não somos atendidos com a mesma simpatia e presteza de antes. Também perdemos algumas regalias da estrutura do ambiente, pois geralmente os locais destinados a troca são diferentes do local do primeiro atendimento. Nesse momento, em que tanto o estabelecimento quanto o próprio vendedor têm a chance de manter a fidelidade do cliente, eles acabam "se queimando".

Essa conduta também está arraigada em nossa cultura e é praticada com frequência no cotidiano. Nossa atenção se dirige mais a quem é de fora do que àqueles que nos cercam e compartilham de nosso dia a dia. Somos propensos a olhar mais para as visitas do que para os de casa.

Não raro colocamos as visitas em primeiro plano e quem está do nosso lado, em segundo. Geralmente reservamos o que temos de melhor para oferecer aos outros e o que sobra fica para quem está sempre conosco. Para promover um acolhimento amistoso, com brincadeiras, às vezes de mau gosto, ou insinuações inconvenientes, desagradamos quem nos quer bem.

Essas atitudes enfraquecem os laços fraternos. Os entes queridos são mais bem tratados na casa dos outros do que em sua própria casa. Não raro encontramos alguém empolgado com outra família e descontente com a sua. Escondemo-nos atrás do álibi de que as pessoas de casa não nos compreendem e de que a educação manda tratar bem os outros e lhes passar boa impressão.

O mesmo se dá com nossos amigos. Muitas vezes compartilhamos nossos piores estados com os amigos, como queixas, angústias e revoltas. Já quando estamos com estranhos, brincamos e lhes proporcionamos bom humor e descontração.

Invertemos nossos valores afetivos e familiares. Damos o melhor para quem merece menos e reprimimos os mais caros sentimentos a quem faz jus a eles. Tentamos impressionar, em vez de manifestar aquilo que esbanjamos em nosso ser.

Dê o melhor que puder àqueles que estão mais próximos de você e encurte as distâncias com as pessoas queridas.

DESAFIOS E OBSTÁCULOS

*Como não tornar as dificuldades
um problema*

A palavra *problema* faz parte do uso comum e é empregada em frases populares. O problema tratado aqui refere-se a uma condição realmente confusa e turbulenta para lidar com os episódios.

Pode-se dizer que essas condições são construções psíquicas perante os emaranhados existenciais. Desafios e obstáculos estão presentes no meio externo, mas problema é uma condição interna que dificulta lidar com os acontecimentos do mundo.

Situações desagradáveis e momentos difíceis fazem parte da trajetória existencial tanto na área profissional ou econômica como nos relacionamentos. Alguns são simples e outros, mais graves.

No entanto, o fator determinante é a condição emocional para lidar com as adversidades. Quanto mais fortalecida emocionalmente, menos a pessoa se abala com os episódios ruins.

Alguém frágil e com pouca resistência vê problema em tudo. Essa fragilidade é decorrente da inexperiência ou da falta de recursos interiores ou materiais para enfrentar as situações difíceis.

A concepção problemática de uma situação afeta o equilíbrio psicológico da pessoa, enfraquecendo-a diante das situações que exigem empenho. Essa é a pior conduta para lidar com os obstáculos. Nos momentos em que é necessário maior empenho, a pessoa encontra-se fragilizada interiormente, reduzindo as chances de agir com precisão, superar efetivamente os obstáculos e vencer os desafios.

As soluções para tais problemas devem partir de dentro para fora e não de fora para dentro, como se espera. As pessoas só se acalmam quando solucionam os problemas, porém as soluções externas também dependem das condições internas: confiança e determinação são componentes emocionais imprescindíveis para superar os obstáculos. A própria estabilidade psíquica já minimiza o principal agravante dos problemas. Ao reduzir a carga emocional da situação, torna-se possível administrar melhor as ocorrências, favorecendo o acesso às soluções.

Portanto, as situações difíceis não devem ser encaradas como problemas, mas como desafios que exigem empenho e astúcia. Esses são os atributos dos vitoriosos. Ao atribuir a si mesmo esses componentes positivos, a pessoa se fortalece, tornando-se mais apta a lidar com as adversidades. Quanto mais firme ela estiver, mais fácil será superar as complicações. Tudo é possível para quem se sente bom o bastante.

OBSESSÃO MENTAL

A primeira coisa massacrada por esse domínio da mente são os nossos sentimentos

Você está apavorado para sair do desespero, mas não é por aí! Não se combate a aflição com ansiedade.

Não queira brigar com os pensamentos, faça amizade com sua mente. Cada toque que ela lhe der, do tipo "é tarde, vamos sair logo senão vou me atrasar", você responde a ela: "obrigado por ter me lembrado, agora eu estou escolhendo a roupa que vou vestir".

Envolva-se com a tarefa presente, curta as tonalidades de cores que você tem no guarda-roupa, procure observar com qual cor você se sente bem e, depois de escolher, diga a si mesmo: "vou ficar lindo com essa roupa".

Aí, vem a mente com mais um alerta: "corra, senão você não vai chegar a tempo". E você responde: "é mesmo, obrigado por me lembrar".

Nesse momento, nada de ficar pensando no que pode acontecer se você não conseguir chegar no horário, pois, se fizer isso, você já embarcou na mente e deixou de sentir o momento.

Tome seu banho aceleradinho, claro, afinal, você não dispõe de muito tempo, e a mente tem razão no que lhe disse. Durante o banho, não fique esbaforido pensando naquilo que você tem por fazer. Olhe para o chuveiro, sinta a água quente banhando seu corpo, vista-se e saia.

No caminho, procure observar por onde você está passando. Mas lá vem a mente outra vez, dando o alarde: "olhe que horas são, você não vai conseguir chegar a tempo, vai perder essa oportunidade... tinha que tomar banho, ficar enrolando para sair... agora que desculpa vai dar para justificar seu atraso?".

E você responde: "tudo bem, se não der certo dessa vez, eu volto em outra oportunidade, fiz o que podia para estar aqui...

depois eu vejo o que for necessário, mas quando eu chegar lá; agora não, eu ainda estou no caminho".

A mente nos arrasta para o passado ou nos lança para o futuro. Para não entrarmos na dela, é preciso interagir com a realidade, curtir o presente, envolver-se com as situações que estão a nossa volta. Esse é o primeiro passo para a reformulação interior.

Não há uma poção mágica para calar a mente, nem podemos fazer isso, pois é graças a ela que conseguimos nos situar no tempo e no espaço. A função da mente é nos servir, dando-nos os referenciais para lidarmos com as situações da vida e sermos bem-sucedidos na realidade.

No entanto, quando sufocamos nossa expressão, querendo fazer tudo certinho para não dar nenhum fora, elegemos a mente para escolher e decidir por nós. Com o tempo, nos arrependemos amargamente, pois ela não se cala mais, fica ditando as regras, condenando os passos que não foram bem dados durante o dia, e assim por diante.

A primeira coisa massacrada por esse domínio da mente são os nossos sentimentos. Eles são os maiores inimigos da mente. Talvez seja por isso que ela imediatamente os sufoca, pois, quando sentimos algo, deixamos a mente de lado: ela passa a ser meramente uma assistente daquilo que sentimos.

Por isso, o segundo passo para resgatar seu poder de escolher os próprios pensamentos é manifestar aquilo que você sente.

A gente não consegue de imediato amar tudo e todos. Se fôssemos capazes de alcançar esse estado a cada instante da vida, seríamos seres ascensionados.

O que conseguimos fazer é curtir cada instante de nossa vida, apreciar as coisas que nos cercam, sem julgar nada, só observar com imparcialidade, pois se você começa a fazer julgamentos, a condenar ou a criticar, permite que a mente invada seu ser naquele momento, sufocando a apreciação das situações da vida e as sensações causadas por aquilo que você vive naquele momento.

Não espere que, logo depois de ler este texto, você se torne senhor absoluto de seus pensamentos. É uma questão de reeducação comportamental, exercício constante de observação de seu estado interior perante a realidade a sua volta.

Que, passo a passo, você vá se tornando cada vez mais quem você é. Você é capaz disso, é só uma questão de tempo para se reequilibrar.

Faça o que for necessário e o que foi apontado aqui, baixe a ansiedade e saiba dar tempo ao tempo.

O PERDÃO

Perdoar é sair da esfera dos sentimentos impuros e assumir uma conduta elevada

O ato de pedir perdão pelo que fez ou pelos exageros que cometeu deve ser acompanhado da consciência dos motivos que levaram a pessoa a proceder daquela forma. Vale dizer que tão importante quanto ser perdoado pelos outros é se perdoar. Essa condição promove a libertação dos emaranhados do arrependimento e da culpa.

A pessoa que busca se retratar com os outros remove de seu "coração" as angústias geradas pelas ocorrências e pelo arrependimento do que fez. Ela também minimiza os abalos emocionais causados inclusive a si mesma, pois a autocondenação corrói os potenciais do ser.

A consciência dos fatores que impulsionaram as ações desastrosas minimiza a angústia de quem as praticou provocando prejuízos a outrem.

Pedir perdão a alguém é uma ação que requer que a pessoa saia da condição de superioridade e reconheça suas falhas, retratando-se com aquele que ofendeu.

Quando a pessoa consegue formular um pedido de perdão, significa que ela se despojou do orgulho e eliminou a vaidade, sentindo-se numa condição de igualdade aos outros, passiva dos erros que todos podem cometer. Só não erra quem nada faz. Aquele que se põe a realizar algo na vida está sujeito a "escorregar" em algum momento.

Em relação à pessoa a quem o perdão é dirigido, e que foi afrontada pelos episódios no mínimo desagradáveis, podendo até ter sido agredida física ou moralmente, perdoar é um ato que anula os reflexos da situação ruim a que ela foi exposta.

Contrária ao perdão, que liberta quem o dá e quem o recebe, a vingança é um sentimento que aprisiona emocionalmente quem se sente vítima dos acontecimentos e se põe a revidar o ocorrido. Essa atitude só agrava a dor e o desconforto que tiveram início em algum momento da vida, provocados por alguém que agiu de maneira exagerada, equivocada ou impensada.

Ninguém tem poder de se infiltrar no universo alheio e plantar o mal no coração. Somente a própria pessoa pode germinar a semente do mal dentro de si. Ainda que seja instigada pelos episódios exteriores, a própria pessoa é responsável por aquilo que a abalou.

Mesmo sendo provenientes dos outros, de alguma forma ela permitiu que as situações ruins infiltrassem em seu ser. Portanto, quem se sente injustiçado estava numa condição receptiva, de forma a permitir que os maus procedimentos alheios entrassem em seu coração.

Conceder o perdão liberta as pessoas dessas amarras que são instaladas em suas emoções. Perdoar é sair da esfera dos sentimentos impuros e assumir uma conduta elevada, que exige desligar-se dos inconvenientes e pôr-se fora dessas esferas de intrigas, tomando novos rumos na vida.

Independentemente de o outro merecer perdão, quem o concede eleva-se, removendo as imperfeições. Perdoar não significa esquecer o ocorrido, mas não sofrer com o que já aconteceu.

É dar continuidade aos processos existenciais em vez de viver do passado ou arrastar os vestígios para o presente. Não é fazer exatamente as mesmas coisas, mas dar novas oportunidades para vivenciar experiências semelhantes às anteriores, porém com mais chances de dar certo.

É tornar-se consciente dos fenômenos existenciais e não ser empolgado e inconsequente.

Quem perdoa amplia os horizontes e se despoja dos resquícios que engessam a contemplação da vida e atrapalham a evolução do ser.

CONSCIÊNCIA METAFÍSICA

A maneira como a pessoa reage aos acontecimentos é que determina a atitude interior, que é responsável pelo desenrolar das novas situações da vida

Esse tema põe em cheque alguns valores sociais, entre eles, que somos "fruto do meio em que vivemos", "vítimas das situações sociais ou familiares" etc.

A consciência metafísica tem como objetivo despertar as pessoas para uma nova ótica da vida, torná-las conscientes, por exemplo, de que elas próprias atraem as situações agradáveis ou os episódios turbulentos. Tudo o que se passa ao seu redor está de acordo com sua atitude interior.

Para compreender isso, é importante lembrar que cada um reage de maneira própria a determinada situação.

Quando agredida, por exemplo, uma pessoa pode reagir com revolta, tornando-se vingativa, enquanto outra pode sentir-se vítima. Quando lesados, uns querem "ir à forra", enquanto outros "viram as costas" para os acontecimentos, numa postura de indiferença.

Outro exemplo são os filhos de pais agressivos: facilmente eles se tornam hostis, reagindo com violência por terem sido violentados; no entanto, pode haver um que abomine a violência, não fazendo com seus filhos aquilo que recebeu dos pais.

A maneira como a pessoa reage aos acontecimentos é que determina a atitude interior, que é responsável pelo desenrolar das novas situações da vida. Usando uma expressão popular, pode-se dizer que estamos colhendo o que plantamos e, simultaneamente, cultivando o que iremos colher.

À primeira vista é difícil admitir que você é a causa de tudo. Porém, se focar em si, verá que as situações ao redor não diferem muito da sua condição interna. É necessária certa perspicácia para fazer essa leitura.

Se você é alvo de um assalto, por exemplo, ou sofre algum tipo de violência, não significa que tem praticado sessões de auto-flagelação. Existem muitas outras formas de violentar-se, como não falar o que tem vontade; não fazer aquilo de que gosta; reprimir-se para agradar os outros; fazer bonito para impressionar as pessoas, e assim por diante.

Sempre que nos deparamos com algum episódio da vida, temos algo a ver com aquilo, senão por que passaríamos por aquela experiência? Muitas respostas que procuramos fora estão dentro de nós mesmos, só não somos perspicazes o suficiente para identificá-las.

A consciência metafísica nos desperta para essa fonte interna, geradora das situações externas.

Conscientes do papel determinante que desempenhamos na realidade que vivemos, podemos compreender alguns episódios marcantes da casa que habitamos. Ela reflete a forma como estamos procedendo em relação a nós mesmos. Podemos também encontrar respostas para nossa atuação profissional: por que trabalhamos em determinada área, como ser bem-sucedido no trabalho etc.

A consciência metafísica integra o indivíduo a si mesmo, proporcionando-lhe o reconhecimento dos potenciais e o poder de conquistar uma vida melhor.

METAFÍSICA SEM MISTÉRIO

A adesão ao pensamento metafísico pode se tornar um "divisor de águas" em nossa existência

O pensamento metafísico é libertador, a compreensão dos fenômenos torna mais leve os acontecimentos ruins. Quando nos tornamos conscientes, fica mais fácil lidar com as situações, tudo passa a ter sentido e ganha certo brilho. Recuperamos a motivação para interagir e notamos pontos positivos onde antes tudo era motivo de desconforto e aborrecimento.

É natural no ser humano buscar os significados dos acontecimentos. Quando são encontrados, a mente se integra ao fenômeno, proporcionando sensações agradáveis de conforto e bem-estar. Muitos sofrimentos são causados pela falta de compreensão e entendimento. Às vezes, o simples fato de saber as reais causas de um problema ameniza as angústias e melhora seu desempenho.

A busca de resposta é uma trajetória longa e árdua, geralmente cercada de indignação e revolta. Nesse caminho, a metafísica surge como um bálsamo, descortinando o véu da ignorância e aproximando-nos das verdades.

A adesão ao pensamento metafísico pode se tornar um "divisor de águas" em nossa existência. Passamos da concepção de que a origem dos problemas está nos outros e de que as soluções vêm de fora para o reconhecimento dos atributos internos ou das próprias dificuldades como causa dos resultados negativos ou positivos.

Quando algo dá errado, não se pode atribuir responsabilidades exclusivamente aos outros. Devemos assumir as próprias dificuldades, procurar soluções internas e acessar os talentos antes de recorrer ao externo.

Essa visão é condizente com a "lei de atração metafísica", que foi propagada no filme *O segredo*. As mudanças internas atraem respostas favoráveis no ambiente externo.

Geralmente buscamos soluções fora de nós e nos outros. A metafísica regula esse foco, voltando para dentro de nós a atenção antes de tomarmos qualquer decisão. Essa atitude promove o encontro com nossos potenciais, que são fontes de atração de resultados promissores.

As queixas e críticas desviam o foco, tiram-nos das fontes internas e projetam-nos para fora e nos outros. Esse movimento mascara as próprias dificuldades, evitando saná-las. Desperdiçamos energia e nos distanciamos das soluções.

O estudo metafísico é um convite para nos olharmos e assumirmos as próprias forças. Saímos da posição de passividade e adotamos uma conduta integrada e transformadora dos processos. Ao assumir a responsabilidade sobre nós, temos o poder de consolidar os episódios bons e transformar os acontecimentos ruins.

O pensamento metafísico representa "o segredo" do sucesso e da realização pessoal. A "lei de atração" é acionada a partir da conexão com o nosso Ser.

Primeiramente devemos acionar as fontes internas, para depois buscarmos os resultados exteriores. Esse movimento promove uma espécie de alquimia existencial, realizando verdadeiras transformações dos processos.

Essa nova consciência está esperando por você nos estudos metafísicos, que são promovidos por meio de cursos e livros da Metafísica da Saúde, bem como em outros temas de cursos com esse embasamento.

Adquira essa nova visão de mundo e torne-se senhor de seu próprio destino. Deixe de ser dependente dos outros e assuma o poder sobre si mesmo. Somente assim você consegue modificar sua realidade e obter uma vida melhor, saudável e feliz.

CULPA E CASTIGO

Os males do relacionamento afetivo

Os conflitos de relacionamentos são derivados de condutas nocivas, que comprometem os laços afetivos. Dentre elas destacam-se os jogos punitivos, que consistem principalmente na culpa e no castigo. Esses movimentos de culpar, sentir-se culpado e também castigar ou punir-se são processos extremamente nocivos nas relações entre os amigos, os familiares e os casais.

Recorrer à culpa para mobilizar os outros a favor de si provoca distanciamento entre as pessoas. Ao solicitar algo do outro, pode-se fazê-lo como forma de interação ou troca, visto que as relações são vias de mão dupla: dá-se carinho e se recebe afeto; colabora-se com outros e abre-se para que eles participem de sua vida. Numa relação saudável, isso acontece espontaneamente, sem cobranças nem culpas.

Geralmente as cobranças são feitas de maneira explícita. Já as culpas estão implícitas na maneira de solicitar a colaboração do outro. Tanto quem cobra quanto quem culpa o outro possuem semelhantes padrões emocionais. A diferença entre essas duas maneiras consiste no jeito de ser da pessoa e no respeito ao outro. Uma pessoa enfática é mais propensa a fazer cobranças. No entanto, se existe respeito na relação, as cobranças tendem a ser amenas. Uma pessoa de natureza serena ou mais contida dificilmente cobra. Ela costuma usar os recursos de plantar a culpa no outro para obter o que pretende.

Esses procedimentos demonstram falta de maturidade emocional e dificuldades afetivas. As pessoas recorrem a esses jogos punitivos porque não assumem suas dificuldades e fraquezas. É mais fácil acusar o outro do que reconhecer as próprias limitações.

Aquele que se sente culpado, mesmo que ninguém o acuse de nada, parece carregar uma eterna culpa perante o outro. A baixa autoestima faz com que a pessoa se sinta inferior — qualquer indício de reprovação por parte do outro é suficiente para se sentir culpada. Essa conduta de desvalor atrai maus-tratos das pessoas do convívio.

A culpa remete ao castigo. Ao se sentir culpada, a pessoa se obriga a cumprir um ritual de sofrimento para banir o sentimento de culpa. Mobiliza-se demasiadamente em prol do outro, mesmo quando não pode prestar um favor. Sente-se obrigada a fazer pelos outros aquilo que não tem condições, pelo menos naquele momento, e acaba fazendo com profundo pesar e descontentamento. Aquilo que era para ser uma forma carinhosa de interação no relacionamento se torna uma condição punitiva.

Esses processos enfraquecem o sentimento e comprometem os laços fraternos ou amorosos. O amor é para ser vivido. As relações são constituídas de troca. Cobranças e punições fazem mal para os corações que se amam.

Culpar o outro para alcançar seus intentos representa uma conduta apelativa que corrói o afeto. Se o objetivo é que o outro interaja ou participe do seu momento, as cobranças ou culpas não são as melhores maneiras de solicitar a colaboração alheia. As obrigações reprimem a vontade de estar junto e de colaborar, comprometem o senso de equipe, tornam a convivência familiar um fardo e as relações afetivas, desgastantes.

A melhor maneira de trazer os outros para perto de si e de solicitar a colaboração deles é por meio do carinho e do respeito.

Não cobre nem se culpe, torne-se partidário da comunhão e pratique o companheirismo. Faça sua parte e saiba pedir aos outros o que é necessário para o bom andamento do grupo.

UMA VIDA MELHOR

*Deixe apenas coisas boas
entrarem na sua vida*

A vida oferece a todo instante conteúdos que passam a fazer parte do nosso mundo interior. São ocorrências agradáveis ou desagradáveis com as quais nos deparamos rotineiramente. A cada momento surgem eventos que nos circundam: situações concretas, informações passadas por alguém, cenas a que assistimos na televisão etc. Tudo isso faz parte da realidade exterior que desfila à nossa volta, mas somente irão compor nosso interior se lhes dermos permissão para "entrar".

Quando nos identificamos com uma situação, imediatamente interiorizamos aquele conteúdo. É como se tivéssemos comprado aquela ideia, colocando-a em nosso interior. A atenção dirigida aos eventos externos representa uma forma de negociação que estabelecemos com as ocorrências cotidianas. Prestar atenção implica o envolvimento emocional e energético, consequentemente, deslocamos energia para o meio. Esse potencial energético é uma espécie de moeda corrente da vida que possibilita as interiorizações dos conteúdos existenciais.

É comum dizer que algo está nos "pegando". No entanto, nada nos "pega", somos nós que nos apegamos ao que se passa ao redor. Quando nos preocupamos com determinadas ocorrências, é porque estamos apegados a elas. De certa forma, permitimos que os componentes exteriores se tornem parte de nossa constituição. Sentimo-nos invadidos pelos fatores negativos que nos afetam e perturbam nossa paz interior.

Por outro lado, quando se trata de algo bom, somos contagiados positivamente. Nesse caso, vale a pena preservar em nosso interior as lembranças boas das situações vivenciadas.

Isso nos promove bem-estar. Uma vez que interiorizamos, usufruímos dessas aquisições. Caso sejam positivas, teremos um ganho de bem-estar; caso sejam negativas, gerarão tensões, preocupações e outros estados emocionais desagradáveis.

Devemos cultivar o que é bom e nos desprender de tudo aquilo que nos faz mal. Afinal, quem introjeta os conteúdos externos somos nós mesmos. Despojar-nos desses ingredientes existenciais que perturbam depende somente de nós. Além desse processo de adesão aos componentes exteriores definidos como "compra", existe também aquilo que ofertamos ao mundo, podendo ser associado àquilo que "vendemos".

A forma como interpretamos e elaboramos os acontecimentos gera um ponto de vista que será disseminado em forma de comentários entre as pessoas que nos rodeiam. A maneira de pensar acerca de uma situação gera conteúdos emocionais, positivos ou negativos, que são externados em forma de comentários. Ofertamos ao mundo esses componentes interiores.

Tanto podemos disseminar bons conteúdos como lançar negatividade para as pessoas que nos cercam. Pensamentos derrotistas nos fazem mal, no entanto, verbalizá-los é ainda mais prejudicial, pois afetam a nós mesmos e também a quem nos cerca. Falar a respeito das coisas ruins aumenta ainda mais a corrente negativa, que se propaga de boca em boca.

Nem sempre podemos selecionar aquilo que chega aos nossos ouvidos, tampouco evitar os acontecimentos desagradáveis, mas não somos obrigados a internalizá-los. Basta não nos identificarmos com esses conteúdos nocivos, e eles permanecerão fora do nosso mundo. Melhor ainda é não propagá-los para as pessoas que nos cercam, pois nos tornamos a estação terminal da negatividade.

Ao ouvir ou vivenciar algo ruim, deixemos aquilo simplesmente passar, sem dramatizar. Lembremos que depois da tempestade vem a bonança. Sejamos positivos!

DEPRESSÃO

A morte em vida

A depressão é um manto escuro que envolve a pessoa, como uma espécie de teia silenciosa, formada por pensamentos ameaçadores de fracasso, derrotismo e diversos riscos. Trata-se de um mundo de horror que perturba de dia e assombra à noite. Esse processo fragmenta a alma, provocando a perda de contato consigo mesmo e com as forças que orientam o curso da vida.

A pessoa não se dá conta de que está à mercê de forças emocionais poderosas, produzidas por ela mesma. Essas forças a arrastam para um ambiente interior que se encontra desabitado da alma e dominado por emoções ruins, levando-a ao isolamento do mundo exterior e entregando-se aos sentimentos de desesperança, medo, angústia e outros estados emocionais que tornam seus dias e noites um pesadelo. A entrada para esse mundo de horror é alargada pelas obsessões mentais, e a saída é estreita. São necessárias muita força de vontade e motivação para romper essa barreira e voltar a interagir com a realidade.

O deprimido precisa muito de si para acionar a disposição e atravessar a estreita fenda de interação entre os mundos interno e externo. Esses componentes motivacionais são os mesmos necessários para a pessoa permanecer envolvida com o meio e ligada aos movimentos existenciais. Trata-se das forças de vida que acendem a vontade, a esperança e a positividade.

A chama de vida pode ser comparada a uma vela: ela precisa de ar (oxigênio) no ambiente para permanecer acesa, mas basta uma corrente de vento para apagá-la. Analogamente, a pessoa deprimida precisa encontrar motivos para interagir com o meio, focalizando as condições promissoras para a sua existência, como se a chama da vontade fosse alimentada pelo ar do ambiente que a mantém acesa. Deve-se evitar as tormentas existenciais, que são como vendavais que apagam a sensível chama da disposição para agir. Essas turbulências levam ao desespero e ao recolhimento dentro de si, caindo novamente na depressão.

O deprimido não precisa de cobranças nem de obrigações do cotidiano, mas de condições apropriadas para despertar a sua luz da vida, tais como sugestões, convites, apresentações de possibilidades. Esses componentes exteriores são como a parafina da vela, necessária para manter a chama acesa. Não significa que as primeiras opções tenham adesão por parte do deprimido, mas elas vão compondo um campo de possibilidades para que ele se mova para fora de sua bolha comprimida pelas emoções negativas e venha para a vida.

Tirar alguém da depressão é o mesmo que esculpir um ser para a vida. Cada movimento em sua direção deve ser suave como a mão de um artesão, valorizando sempre os componentes internos do Ser. Tal qual a escultura, possui a riqueza do material do qual ela é feita. Qualquer ajuda exterior ou de alguém é bem-vinda, mas o que o deprimido realmente precisa é dele mesmo.

Ele deve acionar as forças interiores, pois sua ignição da vontade é que o coloca para fora de seu marasmo existencial. Ele deve se manter envolvido com as situações exteriores e resgatar seu encantamento pelos acontecimentos exteriores. Esses componentes interiores equivalem à parafina da vela e ao ar do ambiente que mantém a chama bem acesa. A manutenção desse estado deve ser baseada na condição interna de satisfação pelo dever cumprido, pela autoadmiração e autoapreço. Esses componentes positivos do Ser estão sufocados no deprimido. Ele privilegia as tormentas psíquicas e não manifesta seus sentimentos positivos, tampouco esses atributos internos.

Para que a pessoa consiga fazer esse movimento interno que a tire da depressão, precisa de ajuda terapêutica e, à vezes, até medicamentosa. Numa depressão leve, ela própria, com incentivo das pessoas à sua volta, pode superar esse quadro. Porém, se ela não apresentar melhora, é fundamental procurar ajuda antes que se torne uma depressão profunda.

FÉRIAS ESCOLARES

*E como lidar com o(s) filho(s)
dentro de casa*

Tenho certeza de que você já se perguntou: "Como seria minha vida se tivesse que ficar um mês sem meu filho?". Nossa cultura prestigia a convivência familiar. Os jovens permanecem na casa dos pais até se estabilizarem na carreira ou se casarem. Apesar da proximidade do convívio em família, notamos a falta de habilidade de algumas pessoas para estabelecer novos laços fraternos e constituírem suas famílias, ocasionando a difícil relação entre o próprio casal e destes com os seus filhos.

As férias escolares tornam-se um termômetro dessas dificuldades de integração entre pais e filhos. Os pais muitas vezes ficam "perdidos" quando precisam administrar as tarefas cotidianas com as crianças por perto. Apesar da proximidade entre pais e filhos, principalmente durante as férias escolares das crianças ou dos jovens na pré-adolescência, existe um distanciamento emocional e não há muita qualidade na interação afetiva. Não raro nos deparamos com a seguinte situação: pais ausentes e filhos carentes, mesmo convivendo o dia todo. Em meio a tantas atividades, os pais não conseguem reservar um tempo para se dedicarem aos filhos.

As solicitações excessivas e até algumas travessuras das crianças podem estar relacionadas com a tentativa de chamar a atenção dos pais, justamente por eles se manterem distantes emocionalmente. Geralmente o que uma criança rebelde mais precisa é de afeto, que não tem sido manifestado adequadamente. É característico das crianças quererem as coisas na hora, e os pais, para aliviarem a pressão que os filhos fazem quando querem algo, os atendem imediatamente. Agindo dessa forma, eles estão apenas mimando seus filhos.

Reserve algum tempo para ficar somente com as crianças, a fim de supri-las de afeto. A "quantidade" de tempo com seus filhos é menos importante que a "qualidade" desses momentos. É melhor que os pais passem pouco tempo com as crianças, mas com boa interação, do que muitas horas juntos, porém desatentos. Procure sair um pouco do mundo adulto, que às vezes se torna uma espécie de "bolha" profissional ou dos afazeres domésticos, e entre no universo infantil. Interaja mais com seus filhos. Quebre as barreiras emocionais, permita-se dar e receber afeto. Seja carinhoso com as crianças, trate-as com o principal sentimento que permeia as relações entre pais e filhos: o amor.

Faça das férias escolares uma fase inesquecível da relação entre pais e filhos. O mais importante não é exatamente o que fazer, mas fazer juntos e com qualidade.

HIGIENE MENTAL

A saúde emocional consiste em saber lidar com as informações negativas

A mente registra uma infinidade de informações provenientes do mundo exterior. Ela constitui um gigantesco banco de dados que armazena e processa essas informações, propagando os impulsos nervosos do cérebro para todo o organismo. Também coordena as atividades corporais e representa uma espécie de instrumento do comportamento.

Ela mapeia as condições do mundo exterior para viabilizar a expressão do ser no ambiente. Com a finalidade de ser bem-sucedida nas estratégias traçadas de atuação no mundo, a mente focaliza os acontecimentos desastrosos para evitar que eles perturbem a integridade do ser.

Ao focalizar os aspectos negativos da situação, a pessoa identifica as más notícias, que geralmente são veiculadas pela mídia seguidas vezes. A televisão, por exemplo, passa a mesma cena várias vezes. Essa repetição das imagens ruins contagia os pensamentos, provocando medos que dificultam a interação com a realidade. As pessoas se sentem inseguras para sair às ruas e atuarem na sociedade. Essa conduta demonstra o quanto elas foram contagiadas pelas ocorrências. Chegam até a imaginar que vai acontecer a mesma coisa com elas.

Esse é um contrassenso da psique humana para se esquivar das situações arriscadas. A mente se vincula aos infortúnios, provocando sofrimentos desnecessários. Pouca atenção é dirigida às boas notícias, e aquilo que não oferece maiores riscos passa praticamente despercebido.

Os ingredientes positivos da realidade devem ser observados com a mesma atenção que as informações ruins. Se, por um lado, as más notícias ajudam a pessoa a se inserir no mundo exterior, por outro, as boas notícias "alimentam a alma", despertando a confiança em si e o apreço pela vida.

Pode-se comparar a mente a um recipiente com água limpa. Os componentes negativos da realidade representam uma espécie de corante escuro. Quando a mente é contagiada pelas más notícias, é como se os corantes fossem se misturando na água, tornando-a turva e poluída.

A saúde emocional consiste em saber lidar com as informações negativas, para que elas não contagiem os pensamentos, tornando-se obsessões mentais. Do mesmo modo que existem os acontecimentos ruins, também ocorrem coisas boas, tais como: a todo minuto nasce uma criança, pessoas estão se dando bem na vida, outras prosperam, algumas saem dos hospitais recuperadas das enfermidades. As más notícias ofuscam a percepção desses componentes benéficos da realidade.

Higienizar a mente consiste em olhar para os acontecimentos bons e deixar-se contagiar pela positividade, fazer uma leitura positiva dos acontecimentos, mesmo daqueles considerados revoltantes. Deve-se atribuir significados bons às ocorrências ruins.

Para estar bem informado, não é necessário sofrer antecipadamente, achando que isso vai acontecer à sua volta. Ao contrário, conhecendo o que pode dar errado, a pessoa tem mais recursos para evitar que aquilo que fez os outros sofrerem também afete sua vida. Agindo assim, os poluentes mentais deixam de ser obsessão, tornando-se recursos de orientação para um melhor procedimento na vida.

LIVRE PARA VIVER

Como a liberdade deveria estar calcada nos fatores internos, a mera busca exterior não é eficiente para conquistá-la

A liberdade não devia depender das situações externas, pois ela pode ser constituída, na sua essência, pela condição interna. Ser livre é um componente mais do interior que dos fatores externos, melhor dizendo, um estado de espírito. É dar vazão à expressão natural do ser, apesar de se nortear pelas condições do meio.

São os atributos interiores que a produzem. Os fatores externos não garantem a liberdade, tampouco determinam sua perda. As limitações da vida, as restrições econômicas e os limites sociais não oprimem tanto quanto as crenças limitadoras instaladas no interior das pessoas.

Vivemos num país livre, como sugere a frase do hino da Proclamação da República, que transmite essa condição da nação brasileira: "Liberdade! Liberdade! Abre as asas sobre nós". No entanto, isso não é suficiente para que as pessoas se sintam verdadeiramente livres. As teias emocionais instaladas no interior do ser restringem a alegria de viver.

A dependência alheia e as crenças repressoras criam um emaranhado psicoemocional conflituoso. De um lado, o ser com suas vontades, sedento para experimentar as delícias da vida; de outro, os conceitos internalizados, tais como as crenças proibitivas e as fragilidades que limitam a própria pessoa, promovendo uma espécie de aprisionamento emocional.

Vejamos o caso de um indivíduo de meia-idade que já criou três filhas, agora todas casadas e independentes. Ele vive com a esposa. Nesse momento, vem à tona um sonho antigo do casal: viajar pelo país morando numa casa motorizada e levar no interior desse veículo uma motocicleta. Provavelmente algumas pessoas comungam desse mesmo desejo.

No caso em questão, a criação de três filhas naturalmente restringiu a liberdade do casal. Porém existem outros fatores que restringem ainda mais a liberdade: ele pertence a uma religião com inúmeras crenças restritivas, que priorizam a instituição religiosa e a comunhão entre os seguidores.

Esses conceitos restritivos podem ser um dos maiores agravantes da sensação de falta de liberdade, que é minimizada pelo intenso desejo de sair viajando pelo país, para se sentir livre. No entanto, se ele não conseguir se desvencilhar das amarras internas, nenhum movimento exterior será suficiente para que se sinta verdadeiramente livre.

Como a liberdade deveria estar calcada nos fatores internos, a mera busca exterior não é eficiente para conquistá-la. Faz-se necessário realizar um trabalho interior. De outra forma, as tentativas externas resultarão em insucesso.

Aquele que sente que um relacionamento tira sua liberdade, por exemplo, não se solta para viver um grande amor, permanece preso ao que os outros vão pensar a seu respeito, tenta agradar de todas as formas.

Com isso, ele estabelece constante vigilância quanto à maneira como se comporta perante as pessoas com quem se relaciona. Essa condição tanto sufoca o sentimento de amor quanto prejudica a liberdade.

Não devemos, no entanto, confundir liberdade com libertinagem. O modo extravagante que algumas pessoas escolhem para viver prova a falta de fluidez emocional. Geralmente as pessoas desregradas são aquelas que não conseguem se desvencilhar das amarras da mente ou da força supressora de algumas crenças limitadoras. Sua conduta irreverente visa quebrar os paradigmas de sua própria mente.

É a forma que elas encontraram para experimentar a sensação de serem livres. Porém, essa sensação agradável não perdura, por isso elas precisam estar sempre buscando novas maneiras extravagantes.

Esses comportamentos são vazios, pois partem de fora para dentro e não de dentro para fora.

A FÚRIA DA NATUREZA

O Japão e o desafio do homem na reconstrução da sua vida

As catástrofes que assolaram o Japão em 2011 — terremoto, tsunami e vazamento nuclear — são eventos que provam a impotência do homem diante das poderosas forças naturais ou invisíveis.

As pessoas vitimadas por esses fenômenos ficaram desorientadas, perderam suas referências existenciais. Suas casas foram destruídas e, com elas, sua história de vida.

A comunidade em que viviam foi transformada em um monte de entulho. Restou apenas a própria existência. Mas é preciso reconstruir a nova referência de vida, ainda que contando com pouquíssimos recursos emocionais e praticamente sem diretrizes para se conduzir.

A trajetória existencial das pessoas é construída num ambiente que as encaminha para determinada direção, sob influência dos entes queridos, que geralmente as motivam a se tornarem aquilo que eles são. Obviamente o mérito maior é da própria pessoa, que faz suas escolhas e se empenha para alcançar seus ideais.

Leva tempo para edificar a referência de vida e, de um momento para o outro, as tragédias acabam com tudo aquilo que as pessoas construíram durante toda sua existência. O que se vê após essas grandes tragédias são pessoas desorientadas, como se estivessem reunindo "caquinhos" delas próprias para resgatar suas referências.

Diante de tragédias dessas proporções, o resgate da força dos seres humanos está na união, na solidariedade e no companheirismo. O lema "a união faz a força" exprime um movimento indispensável em momentos como esses. Quando as pessoas se juntam se fortalecem, e quando alguém se desgarra e começa a agir sozinho, torna-se fraco.

Esse fenômeno pode ser notado no reino animal: quando os animais se juntam, o bando se torna forte. Observem os pinguins no frio polar. Eles se agrupam para permanecer aquecidos e, com isso, vencem o rigoroso inverno. E a invernada de búfalos? Quando a manada corre numa só direção, faz até estremecer o solo. Os predadores não atacam animais em grupo, esperam encontrar algum que se isole, pois reconhecem sua fraqueza quando se desgarram.

Esses movimentos do reino animal podem ser aplicados aos seres humanos, principalmente nas tragédias. Essa conduta é inata ao homem, que é movido pelo espírito de solidariedade para com os envolvidos. Esses, por sua vez, buscam força nas pessoas que estão ao seu lado. Assim, a ajuda humanitária resgata a força que os seres humanos precisam para reconstruírem sua vida.

Nos referidos eventos pôde-se notar a extraordinária disciplina dos japoneses, que não recorreram ao vandalismo após a tragédia. A ordem com que o povo enfrentou as tragédias intensifica a força de reconstrução de um país que sofreu bombardeio atômico na Segunda Guerra Mundial e tornou-se uma potência mundial, apenas algumas décadas depois.

Os noticiários das TVs mostraram, no aeroporto, um grupo de brasileiros que fez uma espécie de cerca com as malas e permaneceu agrupado aguardando o embarque. Quando as pessoas agem em grupo, os objetivos comuns tornam-se mais acessíveis.

Uma pessoa se pronunciando isoladamente representa apenas uma voz, que geralmente é desqualificada ou se cala com o tempo. No entanto, a reivindicação de um grupo de pessoas mobiliza mais facilmente a opinião pública, criando um movimento forte e com maior chance de alcançar os resultados almejados.

Quando a pessoa desenvolve a habilidade para se integrar com aqueles que a cercam, ela aumenta a chance de contar com os outros e de compartilhar seus anseios, mobilizando mais pessoas para comungarem de seus ideais.

Sozinha é mais difícil a pessoa vencer, mas com apoio, seja dos entes queridos, seja dos que comungam dos mesmos objetivos, a vitória se torna mais fácil.

ESPANTANDO O MEDO

Um dos maiores desafios é traçar estratégias que afugentem o medo

Eu estava a aproximadamente trezentos quilômetros da capital paulista e distante das principais rotas de movimento. Portanto, um lugar ermo, mas muito bem instalado em um chalé de magnífica pousada.

Na escuridão da noite, eu iluminava com a lanterna a mata ao redor. Em minha mente surgiam algumas cenas que me faziam sentir medo. O vazio interior e a falta de um foco específico — eu simplesmente estava aberto para observar — me deixavam exposto às armadilhas da mente.

Vinham cenas absurdas, principalmente em se tratando daquele lugar, que não oferecia nenhum risco. As cenas me sugeriam que alguém poderia sair daquela mata e pôr em risco a mim e a minha família.

Isso me causava certo pavor, que me impedia de andar por aquela área e apreciar a escuridão da noite, explorando aquele local ermo e o céu estrelado.

De repente, passando a luz na mata em volta, avistei entre as árvores duas pequenas bolas vermelhas que cintilavam com a luz da lanterna. Imediatamente identifiquei que se tratava de um animal noturno, cujo reflexo da iluminação dava aquela aparência de chamas.

Notei que se tratava de um animal pequeno, talvez uma raposa. Fiquei com muita vontade de me aproximar. Imbuído de grande coragem, me dirigi para a mata, sem nenhum receio, minha vontade era de chegar o mais perto possível.

Minha suspeita se confirmou: era mesmo uma raposa. Fui adentrando na escuridão e logo estava na mata, sem nenhuma daquelas cenas que me aterrorizavam.

Consegui chegar a alguns metros daquele animal selvagem e apreciá-lo. Depois continuei explorando aquela mata escura, sem qualquer medo. Refleti que a natureza não assusta, mas sim os poluentes mentais. Esses sim nos causam grande assombro.

Nessa região fica a Caverna do Diabo. Ao visitá-la, soubemos que seu nome se origina dos sons que vinham da caverna durante a noite, que a população dizia se tratar do grito do diabo.

Também conta a história que os escravos fugitivos se refugiavam na caverna e se perdiam, permanecendo longo tempo em seu interior. O imaginário deles distorcia os sons das águas que atravessam a caverna e dos animais que nela habitavam. Isso devia lhes causar verdadeiro horror e interpretação de forças demoníacas.

Mas tudo não passava de um imaginário fértil em meio ao ócio daquele momento.

Refleti por que, num grande centro, o medo é tão frequente nas pessoas. Em se tratando de saúde emocional, um dos maiores vilões internos é o medo. Ele se torna um sentimento paralisante, as pessoas não conseguem manter sua mobilidade.

Um dos maiores desafios é traçar estratégias que afugentem o medo. Com a experiência vivenciada na mata, descobri que o maior ingrediente do medo é a ociosidade ou a falta de propósitos na vida.

Quanto menos atividade, mais sentimos medo, e quanto mais envolvidos em um propósito, mais corajosos nos tornamos. Se o medo tem se manifestado em você, comece a traçar objetivos e envolver-se com as situações do cotidiano, mantendo seu dinamismo rumo à conquista de seus ideais.

A coragem está a serviço dos propósitos, e o medo, presente na falta de ideais. Se você quer viver com medo, desista dos seus sonhos.

Caso queira se aliar à coragem, floresça seus sonhos e torne-se uma pessoa que faz a diferença, realizando aquilo que você tem de melhor na vida. Seja movido pela força dos ideais em vez de ser consumido pelos fantasmas da mente.

OS BANCOS E VOCÊ

Os bancos estão inseridos na vida das pessoas de tal forma que podem ser comparados ao casamento

Os bancos tornaram-se parceiros de sucesso para a grande maioria dos cidadãos. Também são aliados indispensáveis na sociedade moderna, em que praticamente todos os serviços estão vinculados às instituições financeiras. Por meio deles são feitos os pagamentos, os recebimentos, os cartões de créditos, os investimentos etc. Eles podem ser considerados locomotivas do progresso. Reúnem o capital da produção que injeta recurso no desenvolvimento, contribuindo significativamente para o progresso da sociedade.

A ampliação de uma empresa, em alguns casos, conta com recursos econômicos captados no mercado financeiro, que, por sua vez, é alimentado pelos bancos.

As construtoras, por exemplo, aliam-se aos bancos para construir edifícios e vender os apartamentos. As pessoas conquistam seus bens com o dinheiro que estava guardado no banco ou com o capital tomado como empréstimo dos bancos. No mínimo elas vão pagar o imóvel no banco, onde estão também as contas de água, luz, condomínio etc.

Por certo que nem tudo sai dos bancos, mas pode-se dizer que, de alguma forma, tudo passa por eles.

Hoje em dia a relação das pessoas com os bancos representa uma espécie de associação inevitável. Ainda na adolescência são liberados contas e cartões para os jovens, que já começam a se relacionar com essas instituições. Precisam aprender desde cedo a lidar com elas.

Os bancos estão inseridos na vida das pessoas de tal forma que podem ser comparados ao casamento. É uma parceria praticamente inseparável nos dias de hoje, visto que quase tudo o que se faz é por meio do banco.

Como no juramento do matrimônio — na alegria e na tristeza, na saúde e na doença —, os bancos participam da alegria dos recebimentos, dos créditos e até dos pagamentos que geralmente são creditados em conta corrente. Quando saudável, nas viagens com pacotes de turismo adquiridos com cartão de crédito, ou ainda com as passagens tiradas com pontos do cartão de crédito. Na doença, adquire-se remédios na farmácia, geralmente pagos com o cartão.

Por fim, a responsabilidade, fundamental para manter o relacionamento entre um casal saudável, também é exigida na relação com o banco, no momento dos pagamentos.

Os bancos participam da vida das pessoas incentivando e possibilitando diversos meios para alcançarem seus objetivos. Assim como o cônjuge, o banco é um aliado e está presente em praticamente todos os momentos da vida.

Como na relação conjugal, se tiver um bom nível de troca, respeitar, fizer sua parte no convívio e for fiel, poderá contar integralmente com o parceiro. No entanto, se negligenciar, não honrar os contratos estabelecidos com as instituições, elas se comportarão como um parceiro decepcionado ou uma mulher traída.

Aquele que tudo fazia para erguê-lo quando era aliado, na reviravolta da separação geralmente passa a ser rival e, em alguns casos, inimigo implacável. O mesmo acontece com as instituições financeiras. Romper com elas provoca inúmeras turbulências na vida. Elas perseguem, tiram o sossego e, se puderem, tiram da pessoa o que ela tem.

Por isso, aprenda a se relacionar com as organizações financeiras. Seja aliado, faça sua parte, conte com elas, mas não deixe de honrar seus compromissos.

Conte com a força econômica, não aja de forma a voltar essa "locomotiva" de avanço social contra si, pois ela se transformará numa espécie de "trator de esteira" pronto para massacrar você.

OS CONFLITOS AMOROSOS

O envolvimento neurótico e doentio representa riscos para ambos os lados e essas relações perigosas podem se tornar fatais

As manchetes de crimes e de abusos morais e físicos veiculados pela mídia nos últimos tempos revelam desfechos dramáticos, que podem ocorrer em função de relações conturbadas. Dentre os principais aspectos emocionais e afetivos causadores dos conflitos relacionais, destacam-se o ciúme, a independência da mulher, a baixa autoestima e a falta de autovalor.

A pessoa ciumenta é insegura, geralmente possui baixa autoestima e sentimento de inferioridade. Mesmo que possua melhores condições sociais ou financeiras, emocionalmente se sente inferior ao outro. Ela não se julga merecedora de alguém tão especial ao seu lado. Essas fragilidades emocionais são projetadas na relação, enfraquecendo os laços afetivos com as cobranças e desconfiando de tudo o que o(a) parceiro(a) faz.

Qualquer aproximação de outra pessoa a seu (sua) companheiro(a) representa uma ameaça à sua felicidade amorosa. As repetições dos episódios de ciúme e as suposições absurdas feitas pela pessoa ciumenta tornam-se uma obsessão, enfraquecem os laços afetivos e provocam uma série de conflitos no relacionamento.

A independência da mulher tem sido apontada como uma das causas de conflitos amorosos. Essa nova conduta feminina às vezes assusta alguns homens. Por outro lado, aqueles que são seguros de si respeitam os espaços de sua parceira e constroem estratégias relacionais saudáveis para ambos os lados.

No entanto, os homens inseguros perdem seu referencial diante da parceira e não sabem lidar com essa descaracterização do papel masculino. Alguns apelam para as críticas no intuito de descaracterizar as ações da parceira, outros tornam-se estúpidos para fragilizá-las. Esses conflitos provocam grandes turbulências na relação. A mulher acaba sofrendo pela fraqueza masculina, pois o problema na verdade está nele e não nos direitos e atributos femininos.

As mulheres que amam exageradamente e se submetem a verdadeiros absurdos, e até a alguns requintes de crueldade, para manterem o relacionamento demonstram seu desvalor e a falta de respeito por si mesmas. Elas se encontram imersas numa espécie de "emaranhado relacional" e não conseguem se libertar.

O envolvimento neurótico e doentio representa riscos para ambos os lados e essas relações perigosas podem se tornar fatais. As pessoas envolvidas nem sempre se dão conta do perigo a que estão expostas. Elas mesmas não conseguem pôr fim ao relacionamento. Muitas vezes é preciso a intervenção dos entes queridos. Uma família estruturada pode evitar o pior desfecho.

Porém, cabe à própria pessoa envolvida tomar atitudes para minimizar os riscos e, se for o caso, cortar os vínculos. Em alguns casos os conflitos são tão intensos que é preciso muita cautela para as pessoas se libertarem do emaranhado e saírem ilesas do envolvimento.

A consciência dos riscos existentes nas relações perigosas, principalmente por parte dos próprios envolvidos, é o primeiro passo para quebrar os vínculos nocivos e transformar ou romper o relacionamento.

Dentre os fatores determinantes para o rompimento dos vínculos de amor e ódio que permeiam essas relações, destacam-se a auto-estima e o respeito por si mesmo. Uma pessoa que tem amor-próprio não se sujeita a permanecer numa relação doentia.

Quando o envolvimento começa a ficar neurótico, ela "corta" o mal pela raiz, não admite nenhum tipo de excesso, sob ameaça de rompimento definitivo.

Desse modo, ou a relação melhora ou acaba de vez.

EXCESSO DE TRABALHO

Os malefícios dos horários expandidos no cotidiano

As atividades diárias têm se estendido e muitas vezes acabam indo noite adentro. O aumento dos afazeres causa uma sensação de que os dias estão mais curtos.

Ocupamos mais o tempo, de tal forma que os dias não têm sido suficientes para dar conta das tarefas, exigindo mais e mais trabalho. Alguns profissionais permanecem 24 horas on-line, e muitos levam afazeres para casa com a finalidade de pôr em dia o seu trabalho.

A sociedade tem se adaptado a isso, e essa é a nova realidade das famílias brasileiras, principalmente nos grandes centros urbanos. Atualmente, muitos serviços, como supermercados, fast-foods, postos e outros, são prestados durante 24 horas por dia.

A programação com a família tem ocorrido cada vez mais tarde. Pais trabalham até tarde e filhos chegam tarde da escola ou das atividades extracurriculares. A programação da televisão também se estende noite adentro, e ainda tem o computador fazendo parte da rotina das pessoas, que gastam seu tempo navegando na internet e por aí vai...

Se esse comportamento, decorrente dos tempos modernos, traz benefícios ou malefícios, depende da maneira como cada um vivencia o processo. Podemos observar alguns impactos psicoemocionais dessa nova dinâmica sociofamiliar, como descrevo a seguir.

As pessoas que trabalham excessivamente e atravessam a noite ainda trabalhando em casa têm, obviamente, um favorecimento para o sucesso profissional. Provar competência e se sobressair na empresa são indispensáveis para o progresso da carreira.

No entanto, quando a pessoa passa a viver em função do trabalho, comprometendo o lazer, as relações afetivas, familiares e sociais, ela pode estar passando por um momento crítico, fugindo de dificuldades encontradas nesses setores da vida.

Decepções amorosas, familiares e outras frustrações podem levar o indivíduo a se envolver exclusivamente com o trabalho. Nesse caso, o campo profissional deixa de ser uma área de realização e passa a representar um mecanismo de compensação ou de fuga.

Dedicar-se ao conhecimento e ao aperfeiçoamento amplia horizontes e aumenta as chances de inserção no mercado de trabalho. Essa conduta também colabora com o desempenho perante o grupo de amigos e familiares. Porém, aqueles que se isolam, passando horas excessivas no computador, estudando ou em frente à TV, reforçam sua dificuldade nas relações interpessoais.

A impressão que se tem acerca da modernidade é que as pessoas estão se distanciando delas mesmas e comprometendo os laços relacionais e afetivos.

A dinâmica frenética do cotidiano parece enfraquecer emocionalmente os indivíduos. Os atrativos tecnológicos tornam algumas pessoas dependentes e alienadas. A independência almejada por muitos trouxe, em alguns casos, a carência emocional.

Usufrua dos privilégios tecnológicos para melhorar sua qualidade de vida, mas não se desconecte da realidade e não permita que eles sufoquem sua essência.

Cultive as relações sociais e afetivas. Utilize os meios de transporte e de comunicação, que encurtam as distâncias, para se aproximar das pessoas queridas.

Não perca a condição humana de contentamento e prazer nos envolvimentos. Reserve tempo para apreciar suas conquistas, sinta-se satisfeito por ter alcançado alguns objetivos.

Torne significativo cada momento de sua existência. Viva tudo o que a vida lhe oferece e seja intenso, mas não negue suas limitações, se dê apoio e sinta-se bem consigo.

Assim o progresso vai beneficiá-lo e não sufocá-lo.

PAIXÃO NACIONAL

Os meninos da Copa e seu papel para a nação brasileira

O objetivo da maioria dos jogadores que aspira a uma carreira de sucesso no futebol talvez seja participar de uma Copa do Mundo. Ter a chance de se tornar um ídolo para a nação brasileira, que tem o futebol como um dos esportes de maior adesão popular, é a vontade de muitos dos garotos em início de carreira.

A cada quatro anos, o fenômeno se repete. O país praticamente para suas atividades durante um jogo da seleção brasileira. É a oportunidade de os jogadores se tornarem revelações e até conquistarem o título de craques do futebol com prestígio internacional.

Alguns jogadores são experientes, outros estreantes na Copa do Mundo, mas todos levam para os estádios, durante as partidas da Copa, seus próprios sonhos, os anseios de seus entes queridos e a torcida de praticamente toda a nação brasileira.

Tudo isso é focado nas chuteiras, nos dribles, nos passes e em cada jogada rumo ao gol. Não seria muita pressão sobre os jogadores e o técnico? Até que ponto eles dão conta desses apelos? Na grande maioria são jovens, de origem simples, que começam a expandir seus horizontes e, em curto espaço de tempo, alcançam grande projeção na carreira esportiva.

São praticamente garotos. Será que conseguem lidar com essa megaprojeção de participar de uma Copa do Mundo, tanto com a fama quanto com as eventuais frustrações que venham a sofrer no esporte ou em suas vidas pessoais?

Sempre torcemos para que esses garotos se tornem esportistas conceituados e atinjam a realização pessoal e profissional. Como a maioria dos brasileiros, o que esperamos é que eles façam nas copas o que sabem fazer de melhor: joguem bem, realizem boas partidas e, se nos presentearem com novos títulos, será uma vitória muito bem-vinda, acrescentando grande satisfação à torcida brasileira.

E quantos anseios o povo brasileiro projeta nos jogos da seleção! Quantas esperanças no time. Será que a vitória da seleção representaria para muitos que torcem fervorosamente a chance de atingir algum resultado satisfatório que em suas vidas pessoais não alcançaram? As vitórias da seleção dão a sensação de ganhadores, minimizando as próprias frustrações.

Essas condições interiores de uma parte dos torcedores geram demasiadas expectativas sobre os jogadores e um jeito de torcer que passa de felicidade para uma espécie de histeria durante os jogos. Pode-se dizer que, nesses casos, a seleção, consequentemente os jogadores, torna-se uma espécie de depositária das frustrações de alguns brasileiros.

Uma eventual derrota do time pode provocar certa tristeza nos torcedores, mas não a ponto de deixá-los arrasados ou deprimidos. Isso acontece com aqueles que dependem da vitória da seleção para manterem-se bem. Tanto a derrota num jogo quanto a saída da seleção da Copa representam para essas pessoas uma espécie de "gota d'água" num copo repleto de frustrações cotidianas. Afinal, o time não pode lhes proporcionar aquilo que elas foram incapazes de conquistar por conta própria.

Acompanhar os jogos e torcer faz bem. Ficar diante da TV assistindo à seleção e fazendo parte dessas correntes nacionais que vibram pela vitória do time colabora para a saúde emocional.

Lembremos que torcer deve ser uma distração e não um sofrimento. Vamos curtir as boas jogadas e até "explodir" de emoção nos gols, mas não vamos perder o espírito esportivo em relação aos jogadores da seleção brasileira.

CARNAVAL E QUALIDADE DE VIDA

Um festival de animação e de superação

O carnaval é uma das festas mais populares do país, representando uma lição de amor e superação. As escolas de samba enfrentam atribulações do cotidiano e fazem um carnaval luxuoso, geralmente com verbas insuficientes. Enfrentam ainda intempéries, tais como as chuvas que castigam os seus barracões durante o ano e, às vezes, na hora do desfile.

Outro exemplo foi o incêndio nos barracões das escolas de samba do Rio de Janeiro dias antes do desfile do carnaval 2011.

No entanto, elas superam todas essas adversidades e entram na avenida, no horário previsto para o desfile, e fazem um espetáculo animado, luxuoso e extremamente belo.

Muito disso se deve ao comprometimento dos componentes das escolas, pessoas que "vestem a camisa" e dedicam grande parte do seu tempo à comunidade do samba. Abrem mão das horas de descanso e do tempo em que poderiam estar com as famílias, para cuidarem dos interesses das respectivas escolas.

A paixão desses empenhados integrantes leva-os a superar uma série de obstáculos e a fazer um desfile glamoroso, enaltecendo o brilho das avenidas do samba.

O espetáculo do carnaval brasileiro deve-se à garra e ao amor que os componentes dedicam a ele durante o ano todo.

Que isso sirva de exemplo para nós brasileiros. O sucesso é decorrente da paixão e do empenho para com aquilo que almejamos. Determinação e garra são indispensáveis para atingir os ideais e obter sucesso.

Todos somos capazes de exercer uma carreira brilhante no trabalho. Podemos nos tornar pessoas que fazem diferença no grupo social ou familiar; basta ter cumplicidade e gostar do que faz.

As adversidades do cotidiano podem até desnortear os nossos caminhos, mas, se estivermos firmes em nossos propósitos, elas não se tornarão barreiras intransponíveis.

Os obstáculos, tanto profissionais quanto existenciais, são possíveis de serem ultrapassados se usarmos bem as nossas próprias forças. Dramatizar as turbulências do cotidiano nos enfraquece, justamente quando mais precisamos estar fortalecidos para ultrapassar os obstáculos.

As situações difíceis devem ser encaradas de maneira amistosa, preferencialmente considerando os conteúdos positivos dos episódios.

Por outro lado, a apatia e a indiferença são condutas corrosivas do potencial humano; a falta de propósito e de determinação impedem o acesso dos talentos, que são indispensáveis para o sucesso e a realização pessoal.

Espelhe-se no carnaval para viver com qualidade.

Passe pela vida da mesma forma que as escolas de samba atravessam a avenida, de maneira brilhante, animada e alegre, vencendo todos os obstáculos e adversidades.

Independentemente do que aconteça na sua vida, não deixe de fazer aquilo que se propôs; não permita que as dificuldades familiares ou amorosas comprometam o seu trabalho, tampouco permita que os problemas profissionais sufoquem o carinho e afeto para com os seus entes queridos.

Comece o dia de trabalho ou se coloque diante daqueles a quem quer bem, do mesmo modo que as escolas de samba conduzem os seus desfiles, esbanjando talento e transmitindo alegria para as pessoas que estão a sua volta.

CORAÇÃO FELIZ

Relacione-se com o "coração" realizado!

As relações afetivas representam um dos maiores desafios da existência humana e, sem dúvida, são as experiências mais agradáveis da vida. Somente quem ama consegue avaliar a importância de manter acesa essa chama.

O amor é um sentimento unilateral. Apesar de promover a integração com a pessoa amada, ele se manifesta em quem o sente, desabrocha a afetividade, banhando o próprio ser. A pessoa exterioriza esses conteúdos em forma de carinho, atenção e afeto para com aquele que ama, e também se torna amável com todos que a rodeiam.

No tocante ao amor propriamente dito, não se conta o quanto a pessoa é amada, mas sim o quanto ela ama e o amor que ela sente. Por outro lado, amar e ser amado é o desejo de todos os enamorados. A busca pelo sentimento correspondido visa estabelecer o relacionamento. Este, por sua vez, é uma via de mão dupla. Cada um participa com seus conteúdos, compartilhando as situações da convivência.

Um dos ingredientes do amor é o interesse. Quando ama, a pessoa se interessa pelo que diz respeito ao outro. Isso favorece a integração das diferenças entre o casal. Não há necessidade da anulação de si, tampouco de sufocar a própria natureza para se relacionar. Espontaneamente surge uma atenção especial pelos costumes e o jeito da pessoa amada. Mesmo não comungando certos hábitos, no mínimo se tem compreensão e respeito por eles. O afeto possibilita a interação harmoniosa entre o casal, supera as divergências e estimula a busca por ações conjuntas.

O amor minimiza as crises do relacionamento. No sentimento não existe crise. Ela é derivada da relação com a pessoa querida. Amar é abrir o "coração" e deixá-lo ser invadido por esse poderoso conteúdo da alma. Relacionar-se é sair do seu mundo e mergulhar num universo desconhecido, abrir mão de alguns critérios e abandonar certos conceitos em prol de um fim bom para o casal.

As crises no relacionamento sinalizam o fim do amor. Para reacender a chama do sentimento, faz-se necessária a disposição de ambos para a conquista de uma relação saudável. Vale lembrar que a integração com o outro é uma condição indispensável para ser feliz no amor. O sentimento pode ressurgir se os dois estiverem dispostos a ser felizes afetivamente.

Um dos grandes agravantes da harmonia do relacionamento é a mente. O campo da racionalidade e os desconfortos da convivência reprimem o afeto. No cotidiano surgem as diferenças quanto à forma de pensar e agir. Se não são resolvidas por meio de diálogo e de atitudes que visam estabelecer os acordos para o convívio saudável, tornam-se pontos de divergências que comprometem o relacionamento.

Quando o fluxo do amor é reduzido, a mente começa a interferir na relação, transferindo para o outro as próprias expectativas, as carências e as frustrações. Esses conteúdos são extremamente nocivos para o relacionamento. Vale lembrar que a pessoa amada não é depositária de suas angústias, medos e incertezas. Ao contrário, a relação amorosa pode se tornar uma fonte de transformação desses ingredientes, que são nocivos para a autoestima e afetam o amor-próprio. Pode-se dizer que ter uma "boa cabeça" é indispensável para a felicidade amorosa.

Abandone os critérios e sinta o amor. Não olhe para o jeito do outro, deixe jorrar o sentimento de amor. Cada um ama à sua maneira e é feliz por amar, não por ser amado.

Para explorar mais o tema, minha dica é o livro *Amor sem Crise*[2], de minha autoria.

---

2. Valcapelli. *Amor sem crise*, Editora Vida & Consciência, São Paulo, 1997.

QUE TIPO DE PAI É VOCÊ?

Numa estrada sinuosa e com muitas curvas havia uma criança. Suas pernas eram frágeis e ela tateava em qualquer direção. Uma mão firme se estendeu para ela e ela ouviu: "Venha!". Era seu pai. Ela agarrou essa mão que lhe transmitia segurança e firmeza. Seu pai lhe mostrou a direção e apresentou-lhe o que existia ao lado da estrada

A criança cresceu, suas pernas foram se fortalecendo, as mãos começaram a se soltar e ela passou a fazer suas próprias escolhas. Já madura, percorreu independente a direção que ela própria escolheu. Durante o trajeto da vida, surgiram crianças ao seu lado. As mãos, agora vigorosas, daquela que um dia foram conduzidas pelo pai, ofereceram apoio e segurança, permitindo caminhar lado a lado

Geralmente, quando nos referimos ao Dia dos Pais, nos reportamos ao nosso próprio pai, mas depois nos damos conta de que também somos pais. Essa busca por uma referência paterna não é simples associação mental. Há grande influência da relação que tivemos com nosso pai na maneira que somos com nossos filhos. Herdamos do progenitor o modelo de relacionamento pai e filho.

Em alguns casos notamos no comportamento do pai um mecanismo de compensação. Ele procura proporcionar a seus filhos aquilo que não recebeu quando criança, e nem se dá conta de que está fazendo o que gostaria de ter recebido quando criança.

Essa atitude pode gerar surpresas desagradáveis, pois o pai se esforça para fazer tudo pelos filhos e eles se queixam de que não receberam o que esperavam, desqualificando os esforços paternos.

Existem algumas condutas que caracterizam a figura paterna. Vejamos a seguir.

Pais nutritivos: são companheiros, afetuosos, manifestam carinho e incentivam seus filhos a superar os obstáculos e não se abater diante das dificuldades.

Pais provedores: são aqueles que priorizam a estabilidade financeira da família, "mergulham" no trabalho para prover recursos materiais e garantir a sobrevivência econômica da família. Não percebem as reais necessidades dos filhos, tampouco acompanham seu desenvolvimento emocional. Restringem o diálogo, enfraquecendo os laços afetivos.

Pais exigentes: até certo ponto, as exigências para com os filhos promovem o desenvolvimento deles. No entanto, o excesso de cobrança e as críticas favorecem as frustrações. Essa conduta acentua a insatisfação, conspirando para o fracasso.

Os pais influenciam no desenvolvimento dos filhos, mas não determinam sua conduta de vida. Cada pessoa é responsável por suas próprias escolhas. Não se deve atribuir à figura paterna a causa dos fracassos. O pai fez o melhor que podia ou do jeito que ele sabia na ocasião.

Os filhos absorvem do pai aquilo que condiz com sua própria índole. Pode-se dizer que os pais oferecem recursos para o desenvolvimento da personalidade, bem como os meios para a inserção na sociedade e para as conquistas profissionais.

Cabe aos filhos tirar o melhor proveito daquilo que lhes foi proporcionado e descartar os pontos negativos da relação pai e filho.

O bom pai é aquele que acompanha e incentiva e não aquele que toma para si as dores e os problemas, eximindo as responsabilidades dos filhos.

Essa conduta enfraquece o filho em vez de prepará-lo para a vida. O pai não precisa ser um comparsa dos filhos, basta estar presente e participar dos momentos de dificuldade e de insegurança.

Seja um pai carinhoso, não deixe que o estereótipo de rudeza característico da figura masculina reprima seu potencial afetivo.

Mantenha uma relação de amizade e de companheirismo com os seus filhos.

INCENTIVO À LEITURA

Quem não lê mal ouve, mal fala e mal vê

A falta de leitura faz com que a pessoa apresente certa dificuldade para compreender aquilo que está sendo dito. Seu vocabulário é precário, portanto se comunica mal e, quando se depara com uma informação escrita numa placa ou num material publicitário, tem dificuldade de compreensão. A leitura amplia o universo mental, aguça as faculdades psíquicas, proporciona agilidade nos pensamentos e desperta a criatividade.

O hábito da leitura pode vir "do berço", ou seja, ser estimulado pelos pais ou, ainda, motivado pela escola. A criança tem imaginação fértil e os livros dão vazão a esse potencial juvenil.

A primeira infância é o período mais importante para desenvolver o interesse pela leitura. Em geral, as famílias não cultivam o hábito da leitura e raramente os pais sentam com seus filhos para ler uma história.

Geralmente a escola é o principal agente de desenvolvimento desse hábito, e os programas escolares de incentivo à leitura são fundamentalmente importantes. Os esforços dos professores surtem mais efeito quando os pais os apoiam, incentivando seus filhos a lerem os livros indicados pela escola.

Quando a criança demonstra interesse por alguma obra sugerida pelos colegas, cabe aos pais averiguar seu contexto, verificar se é apropriado para a idade e proporcionar o acesso ao livro.

Com o ingresso da televisão nos lares, as famílias se sentam à sua frente enquanto poderiam ler ou dialogar. Quando havia apenas uma TV na casa, a família se reunia na sala para assistir ao mesmo programa, o que, de alguma forma, aproximava os familiares. Com o fácil acesso da população aos aparelhos de TV, praticamente cada cômodo da casa passou a ter uma televisão, o que fez os membros da família se isolarem para assistir a seu programa preferido. Pode-se dizer que, além do distanciamento familiar, a televisão desmotiva a leitura.

Convém salientar que os programas de TV são produzidos sob influência de patrocinadores, na busca dos índices de audiência e preocupados com a concorrência. Apesar da variedade de canais, o telespectador não é tão livre para escolher o que vai assistir, pois a produção dos programas, de certa forma, é tendenciosa. Já nos livros, o leitor escolhe a história, o gênero e o autor predileto. Sempre há algum livro que atenda à sua preferência.

O livro introduz o leitor em uma viagem ao imaginário. Crianças e jovens são os que mais anseiam por esses "mergulhos" no campo da imaginação. Os conteúdos literários representam uma maneira saudável para direcionar os pensamentos e organizar a mente. Além disso, a leitura estimula a concentração, exercita o foco, favorece o desenvolvimento infantil e proporciona, em qualquer idade, uma excelente bagagem cultural.

Durante a leitura, a pessoa está receptiva a novos conhecimentos. Essa atitude é favorável à formação e expansão do universo interior, favorecendo a elaboração das próprias experiências.

Procure ler mais, torne-se mais culto e se compreenda melhor. Sempre tenha em mãos um livro para fazer parte dos bons momentos e contribuir para uma vida melhor.

PARTE 2: VIVER COM SAÚDE

UMA CONQUISTA INTERIOR

Não basta cuidar do corpo, é preciso rever os pensamentos, reformular algumas condutas e harmonizar as emoções

Segundo a Organização Mundial da Saúde (OMS), saúde não é simplesmente ausência de doença, mas "o estado de completo bem-estar físico, mental e social".

Essa definição parece utópica, pois dificilmente uma pessoa consegue estar bem em todas as áreas ao mesmo tempo.

No entanto, esse conceituado órgão contempla em sua definição não apenas a saúde física, mas também o estilo de vida e as condições internas do indivíduo. Portanto, a saúde é resultante do estado "bio-psico-socio-emocional".

Geralmente os cuidados com o corpo são amplamente divulgados, mas as condições emocionais não são abordadas.

Quando uma pessoa adoece, imediatamente procura um médico, toma os remédios e segue as orientações clínicas.

Esse procedimento é correto, no entanto, não contempla o contexto de vida em que a pessoa se encontra para que sua saúde esteja comprometida, nem os conflitos emocionais existentes na ocasião do adoecimento.

Os remédios tratam o corpo, mas é preciso também mudar as atitudes e promover a boa relação com os episódios da vida, ficar em paz consigo mesmo e com as ocorrências exteriores.

A Metafísica da Saúde é um estudo que identifica as condições internas relacionadas a cada doença que afeta o organismo, ou seja, os conflitos emocionais que o doente cultiva ao longo de sua existência.

Num determinado momento, são reunidos alguns fatores nocivos ao corpo e surgem as doenças.

Quando a pessoa toma consciência desse estado interior conflituoso que a levou a adoecer, ela passa a fazer certas alterações em sua conduta e, principalmente, a estabilizar os sentimentos, o que favorece a ação dos medicamentos, minimiza os sintomas físicos e promove a saúde.

Assim sendo, a pessoa poderá participar de sua própria cura, saindo da condição de passiva à ação do medicamento e tornando-se ativa nas reformulações interiores.

Muitos esperam passivamente que os remédios façam efeito. Nesse caso, os resultados poderão ser lentos e prolongados. Mas aqueles que, paralelamente ao tratamento clínico, fizerem as mudanças interiores, obterão resultados mais breves e satisfatórios.

Os remédios cuidam do corpo, mas a pessoa precisa se questionar acerca do que está fazendo consigo mesma e procurar estabilizar suas emoções. É cômodo ir ao médico, seguir as instruções clínicas e tomar os remédios, mas a saúde, conforme mencionado anteriormente, é um conjunto de fatores.

Não basta cuidar do corpo, é preciso rever os pensamentos, reformular algumas condutas e harmonizar as emoções. Essas ações conjuntas promovem a saúde física e melhoram a qualidade de vida.

Quando a pessoa está bem interiormente, tudo à sua volta torna-se fácil de ser resolvido, ela tem energia e disposição para enfrentar as adversidades.

Mas se ela estiver emocionalmente abalada, não conseguirá bons resultados em suas ações exteriores, o desgaste será maior, seu empenho se tornará infrutífero, comprometerá o encanto pela vida e perderá o sabor das experiências.

Para ser saudável, é necessário respeitar sua natureza íntima, ser o maior aliado de si mesmo, fazer o que for necessário para não se agredir, tampouco ficar remoendo os acontecimentos, cultivando mágoas e revoltando-se com o curso de sua existência.

Ter bons pensamentos e nutrir bons sentimentos colabora para promover saúde e bem-estar.

SAÚDE EMOCIONAL

A maneira como encaramos as ocorrências do ambiente define o nosso padrão emocional

Transformações emocionais promovem significativas alterações nas condições de vida, no curso existencial e na saúde. As emoções podem ser consideradas uma das principais fontes da consciência. Trata-se de forças que colaboram com a produção de energias para nossas ações no mundo.

Um estímulo proveniente do meio externo provoca excitações emocionais, mobilizando as respostas que damos aos fatos que nos circundam.

A forma como respondemos aos acontecimentos é modelada pelas emoções geradas pelos respectivos fatos. Por meio delas nos expressamos e manifestamos aquilo que sentimos em relação aos acontecimentos.

Durante a elaboração das ocorrências, estamos mobilizando nossas emoções. Quando nos posicionamos ou agimos, descarregamos as emoções por meio dos gestos e das ações. O ambiente exterior representa uma espécie de ignição da fonte emocional e o corpo torna-se um veículo de manifestação dessas emoções.

Na série *Metafísica da Saúde*[3], estudamos as causas emocionais das doenças — como o corpo é afetado pelos desequilíbrios das emoções. Quando extrapolamos as nossas ações e agimos com excessiva intensidade, de maneira compulsiva ou ansiosa, afetamos as funções biológicas, podendo ocasionar doenças. Mas a repressão das emoções exacerbadas também é prejudicial ao corpo.

Seja qual for a maneira como manifestamos os conteúdos emocionais nocivos, tanto os extravasando quanto os reprimindo, eles poderão provocar desconforto físico e até danos à nossa saúde. Para evitar isso,

---

3. Valcapelli e Gasparetto. *Metafísica da Saúde*, Editora Vida & Consciência, São Paulo, 5 vols. (2000-15).

é necessário que aprendamos a lidar com as nossas emoções.

Antes de agir no meio, devemos investigar os sentimentos provocados pelas situações exteriores e nos conscientizar do que estamos produzindo interiormente e dos danos que os abalos emocionais podem causar ao corpo.

A questão principal da produção das emoções não se baseia exatamente naquilo que nos acontece, mas no que fazemos em relação aos acontecimentos exteriores. A forma como encaramos e interpretamos esses fatos é geradora de emoções. Não podemos determinar o que nos acontece na vida, mas temos poder para decidir a forma como vamos encarar os acontecimentos.

A saúde emocional consiste em: lidar com a realidade exterior de maneira que não nos abalemos tanto com as ocorrências; encarar os fatos com menos conflito e mais eficiência nas ações; viabilizar os recursos interiores e do ambiente para sanar as dificuldades e criar possibilidades ou soluções para os problemas; e produzir bons pensamentos, pois eles estabilizam as emoções.

A atenção dirigida àquilo que sentimos perante o mundo exterior representa uma conduta significativamente importante para a estabilidade emocional, pois apenas nós podemos alterar nossas emoções. Mesmo impossibilitados de mudar a realidade externa, possuímos o poder para transformar as condições internas.

As mudanças interiores podem ser percebidas no corpo, em forma de bem-estar, e contribuir para preservar a saúde física. Também podem influenciar positivamente o meio, promovendo alterações favoráveis que contribuem para minimizar os problemas. Ou eles diminuem a intensidade ou nós os encaramos com olhos diferentes e damos leveza aos fatos.

É possível dizer que tudo muda quando nós mudamos. As transformações emocionais promovem significativas alterações nas condições de vida, no curso existencial e na saúde. Quando algo novo parte de dentro para fora de nós, essa mudança é consistente e duradoura.

A ALMA FEMININA

*A natureza da mulher e a sua criatividade
promovem saúde e qualidade de vida*

O universo feminino é repleto de conteúdos integradores que mobilizam as mulheres a interagirem, estabelecendo suas relações interpessoais e afetivas. As mulheres costumam ser mais humanas e acolhedoras, importam-se mais com as pessoas do que com as condições materiais propriamente ditas.

Mesmo buscando o melhor para si, elas não negligenciam a interação com os outros e, não raro, dedicam-se a beneficiar aqueles que estão ao seu redor.

Você, mulher, já observou quão significativa é a opinião dos outros, principalmente a seu respeito. O que os outros fazem ou falam pesa em seu modo de agir.

A irreverência feminina é algo que exige demasiado esforço, pois romper as barreiras estabelecidas pelo meio é algo difícil. Por isso é incomum encontrar mulheres revolucionárias. Elas fazem mudanças agindo nas bases, ou seja, propagando seus conceitos para o grupo, tornando-se formadoras de opinião.

Segundo a Metafísica da Saúde, os potenciais femininos estão associados às condições do aparelho reprodutor. De modo geral, a aceitação das suas próprias características e a elevada autoestima são componentes emocionais decisivos para a saúde dos órgãos reprodutores femininos. As funções de cada órgão equivalem a determinados talentos da mulher, como veremos a seguir.

Ovários

Dentre as funções fisiológicas dos ovários, destacam-se o amadurecimento e a liberação do ovócito (célula germinativa feminina), a produção de hormônios (os principais são o estrogênio e a progesterona) e a preparação do corpo da mulher para eventual fertilização.

No âmbito metafísico, esses órgãos correspondem à criatividade da mulher e à sua capacidade de administrar as adversidades e procurar alternativas para sanar os problemas.

A criatividade feminina extrapola as situações concretas. Não se trata apenas de buscar soluções, mas sim de melhorar as condições de convívio, visando principalmente à harmonia no ambiente.

A saúde ovariana é consequência da preservação desse potencial, de expor as suas ideias com ousadia e atrevimento.

Cistos de ovário

São formações que contêm serosidades produzidas pelos próprios ovários. Representam os bloqueios da criatividade e a dificuldade de expor livremente o que tem vontade. A mulher reprime as suas ideias e evita dar palpites, temendo críticas dos outros.

Novo padrão: procure expressar seus sentimentos livremente diante de outras pessoas, não se sinta constrangida, especule, ouse e experimente. Isso fará você se sentir feliz e promoverá a saúde ovariana.

Síndrome dos ovários policísticos

Esta síndrome, que acomete até 10% das mulheres jovens em idade fértil, provoca alterações no ciclo menstrual e é responsável por 30% dos casos de infertilidade[4].

O padrão metafísico consiste na ineficiên-

---

4. Fonte: http://www.einstein.br/einstein-saude.

cia da criatividade. As jovens mulheres que sofrem desta síndrome são ágeis e dinâmicas, repletas de ideias, mas não conseguem viabilizar de maneira prática e eficiente as alternativas que têm em mente. Querem resolver os problemas dos outros e são negligentes consigo mesmas.

Novo padrão: procure usar seu potencial para sanar suas próprias dificuldades. Não se sinta responsável pelos insucessos alheios.

Útero

Órgão da gestação e do parto, esse é um ambiente biológico que todos nós habitamos no princípio da vida. Ele representa uma espécie de "berço da vida humana". O período de gestação representa uma pequena parte da vida da mulher; na maior parte dela, o útero permanece ocioso, apenas sendo ativado no período fértil e escamado nas menstruações.

Os aspectos da Metafísica da Saúde relacionados ao útero consistem no jeito de ser das mulheres, na maneira de se comportarem e de conduzirem os acontecimentos. Preservar o próprio estilo e ser fiel à sua natureza são atitudes metafisicamente saudáveis para o útero.

A trajetória de vida segue cursos variados, mas em todos os caminhos deve-se manter peculiaridades. Nortear-se pelo meio ou basear-se nos outros é uma conduta coerente, mas anular-se, imitar ou agir do mesmo jeito que as pessoas ao seu redor representa uma repressão do seu estilo.

Por melhor que sejam os resultados obtidos com essa inversão de valores e desconsideração de si mesma, os sentimentos não são agradáveis e a frustração e a infelicidade se sobrepõem aos bons resultados materiais.

Para as mulheres, em especial, os sentimentos são primordiais. Portanto, a falta de seus próprios componentes internos na execução das tarefas gera um vazio interior que pode ser somatizado no útero, provocando nódulos uterinos (miomas e fibromas uterinos).

Para manter a saúde desse órgão, é necessário voltar a ser a mulher que era antes: independente, autêntica, que associava austeridade com amabilidade; é necessário deixar de lado a mulher que aprendeu a socializar-se anulando-se.

Confie em si mesma, desenvolva a autoadmiração, prestigie a sua maneira de agir e considere os resultados obtidos pelo grau de satisfação, não pela impressão causada aos outros.

A melhor maneira de ser feliz é com autenticidade e não com conquistas exteriores.

FEMINILIDADE E AFETO

Características e significados dos seios ou mamas segundo a Metafísica da Saúde

Os seios femininos fazem parte do aparelho reprodutor. Em seu interior estão as glândulas mamárias, responsáveis pela lactação. Em virtude da sensibilidade dessa região, os seios representam uma das principais zonas erógenas do corpo, colaborando para o prazer sexual.

No âmbito da Metafísica da Saúde, eles são importantes manifestações da feminilidade e representam: a ternura e a docilidade; a identidade afetiva das mulheres; o comportamento perante as pessoas queridas; a maneira como se dedicam e o prazer em participar da vida do outro. O jeito como as mulheres expressam o que sentem configura os principais fatores metafísicos das mamas. Veja a seguir:

Seios fartos: participação intensa na vida do outro; quando elas gostam, dedicam-se ativamente. São mulheres amigas e solícitas, não medem esforços para colaborar.

Seios pequenos: característicos de mulheres que conseguem manter certa discrição no relacionamento. Mesmo considerando a vida afetiva uma área importante da vida, possuem maior controle sobre suas emoções, dosando a manifestação da afetividade.

As cirurgias para aumentar o tamanho e o formato da mama (mamoplastia de aumento), bem como as de redução, sugerem, metafisicamente, novas configurações na maneira de amar e de se relacionar. O aumento do volume mamário, além de elevar a autoestima da mulher, pode despertar o senso de colaboração e maior participação na vida do outro. A cirurgia para redução sugere ponderação e comedimento, antes de se dedicar.

Auréolas das mamas: são as áreas pigmentadas que circundam os mamilos. Representam, metafisicamente, a intensidade de participação na vida das pessoas queridas. Quanto mais extensas forem as auréolas, mais companheiras e participativas são as mulheres, que costumam permanecer ativamente até o fim dos objetivos propostos. Quando a extensão das auréolas é menor, as mulheres incentivam e contribuem para dar início aos projetos, mas não são propensas a permanecerem presentes durante todo o percurso. Pode-se dizer que são ótimas incentivadoras e menos companheiras.

Mamilos (papilas mamárias): também conhecidos como "bicos dos seios", são projeções formadas por tecido erétil, com aberturas dos ductos mamários, por meio dos quais emergem o leite durante o período de amamentação. No âmbito metafísico, equivalem à disposição para participar afetivamente do meio e à satisfação por ser solicitada a interagir com as pessoas queridas, instigando a colaboração carinhosa. Quanto maior o bico dos seios, mais prestativas são as mulheres, e quanto menor, menos atentas às solicitações, chegando até a se incomodarem e a se sentirem cobradas quando lembradas da necessidade de participar.

Flacidez precoce das mamas: significa perda da sustentação em si e no potencial afetivo. As mulheres passam a viver em função das pessoas queridas. Em vez de se mobilizarem pelo que sentem, dedicam-se exageradamente a serem úteis e, consequentemente, aceitas. Buscam o reconhecimento pelo que fazem para os outros e não pelo que realmente são ou por aquilo que sentem.

Nódulos mamários: dificuldade para interagir nos relacionamentos; bloqueios da afetividade e comprometimento da ternura e da docilidade.

Nódulos mamários benignos: o afeto é reprimido e as mulheres apresentam certa frieza nas relações e dificuldade de expor seus sentimentos. A afetividade fica contida, formando barreiras que dificultam os envolvimentos. As mulheres mostram-se indiferentes e demoram para se expor.

Tumores malignos nos seios: negação do afeto e significativos bloqueios dos sentimentos. São mulheres que não se deixam levar pelas emoções, elegem a razão como principal norte de sua existência, decidem racionalmente, sem levar em consideração a afetividade. Elas não se comovem com os gestos de carinho, tornando-se frias e calculistas. De certa forma, são indiferentes com as questões pertinentes às pessoas de seu convívio.

No âmbito metafísico, a saúde das mamas corresponde à boa capacidade de envolvimento afetivo. É conquista das mulheres com elevada consciência afetiva, que respeitam seus sentimentos e os expressam naturalmente.

Elas participam da vida das pessoas estimadas, são cúmplices e dedicadas, sem exageros. Celebram o sentimento com docilidade e ternura, e não com afazeres ou com o enaltecimento das pessoas amadas, em detrimento do excesso de colaboração aos outros e dependência da sua aprovação.

Tornem-se mulheres altivas, integradas e com boa autoestima. Fortaleçam os laços amorosos com seu potencial afetivo e não com os excessos de empenho e a interdependência nos relacionamentos.

MENOPAUSA SEM CRISE

As mulheres mais sujeitas a apresentarem intensos sintomas com a chegada da menopausa são aquelas que possuem fortes conflitos emocionais

A menopausa é a extinção das funções ovarianas, que consiste no fim do ciclo reprodutivo da mulher, na suspensão da produção dos hormônios dos ovários e no fim dos ciclos menstruais. O início da menopausa ocorre entre os 45 e os 55 anos. Ela é considerada precoce quando ocorre antes dos 40 anos.

A maioria das mulheres, antes de entrar na menopausa, passa pelo climatério, que é um período em que a secreção dos hormônios ovarianos diminui e ocorre o espaçamento dos ciclos menstruais. Nessa fase a mulher pode ficar vários meses sem menstruar, depois voltar a ter fluxos irregulares, até a suspensão completa da menstruação, quando se caracteriza o início da menopausa.

Algumas mulheres passam pelo climatério sem perceber. Quando se dão conta, não estão mais menstruando. Para outras, no entanto, o climatério pode durar de um a dez anos. Entre os sintomas, destacam-se ondas de calor, variação no peso, desinteresse sexual, depressão etc. Eles são mais frequentes durante o climatério, mas podem se estender também à menopausa.

A transformação biológica em que a mulher deixa de ser reprodutiva também representa uma espécie de marco no universo psíquico feminino. É uma fase que a mulher atravessa solitária, refletindo sobre sua trajetória existencial. Enquanto estava envolvida com as atribulações do cotidiano e os cuidados com os filhos, por exemplo, não se dava conta do seu real valor.

Nesse período, em que os filhos já podem ter se tornado independentes ou até já ter saído de casa, surgem as crises de identidade. São feitas reflexões acerca dessa nova mulher. Quem é ela, que antes tinha um papel a desempenhar e agora não é mais requisitada?

Nessa busca por si mesma pode ocorrer o amadurecimento emocional, caracterizado pelo renascimento de uma nova mulher, livre, independente, segura e feliz. Por outro lado, pode emergir uma espécie de vazio interior, gerado pela extinção dos papéis familiares. Também pode emergir o sentimento de angústia causado pelas recordações das perdas de ordem material ou afetiva, ou das tormentas vivenciadas em seus relacionamentos. Isso tudo é agravado pelo medo de envelhecer, podendo desencadear processos depressivos.

Outro agravante da menopausa é o prejuízo da sexualidade feminina. Não raro as mulheres costumam se sentir menos atraentes para o parceiro e incapazes de despertar o interesse sexual dele.

Por isso, algumas recorrem aos exageros sexuais para provarem a si mesmas que ainda são atraentes, enquanto outras reprimem a sexualidade, evitando o contato íntimo.

As mulheres mais sujeitas a apresentarem intensos sintomas com a chegada da menopausa são aquelas que possuem fortes conflitos emocionais, como revolta com entes queridos, rompimentos amorosos não elaborados, profundos descontentamentos com o parceiro e outros fatores traumáticos.

É recomendado a essas mulheres que façam um trabalho interior de reorganização afetiva e principalmente de elaboração dessas espécies de "nós" psicoemocionais, despojando-se das amarguras e resgatando a harmonia interior.

A estabilidade emocional é de fundamental importância para minimizar os desconfortos provocados pelo advento da menopausa.

O BENEFÍCIO DO PERDÃO

Um depoimento sobre a descoberta do perdão na cura do câncer

O dia clareava. Eram quase sete horas. Apesar de estar desperta naquela manhã, eu não queria acordar. O sol atravessava a fresta da veneziana e despertou a minha curiosidade para ver o dia. Ao abrir a janela, admirei o lindo raiar de sol que estava acontecendo lá fora.

Num dia tão bonito quanto aquele, algo muito ruim me esperava. Era o dia de tomar a quimioterapia para tratar um tumor maligno, descoberto havia pouco menos de um mês.

Os sintomas que me levaram a procurar o médico e me fizeram chegar à descoberta do câncer não doeram tanto quanto partir para o hospital para tomar os remédios, tão fortes que, conforme relatos e instruções do médico, iriam provocar em mim inúmeros desconfortos.

Não adiantava evitar; fiz o que era necessário. Levantei, tomei o meu café e fui para o hospital. Como era próximo de casa, não demorei a chegar. Enquanto estava sentada na enfermaria, aguardando a enfermeira aprontar a medicação de acordo com a prescrição médica, eu pensava: "O que estou fazendo aqui, esperando para me envenenar?".

Não deu para pensar muito. Após alguns instantes, a enfermeira chegou com a medicação. Depois de recebê-la, a sensação foi de que nada havia acontecido. Senti-me aliviada por não apresentar sintomas que me impedissem de retornar para casa.

Após algumas horas, no entanto, os sintomas vieram com a intensidade temida. O corpo parecia tentar se livrar dos "venenos poderosos". Realmente eles são feitos para matar as células cancerígenas, mas, além das células tumorais, muitas outras células boas morreriam também.

Naquela primeira noite, em meio aos sintomas da quimioterapia, enquanto meu corpo repudiava as substâncias do tratamento, eu conseguia sentir as células boas e ruins morrendo dentro de mim.

Nos dias seguintes, foram muitas crises, mas depois de algum tempo elas passaram. Todavia, os sinais no meu corpo começavam a aparecer. Conforme me submetia a novas sessões de quimioterapia, comecei a perceber que, por uma boa finalidade, a gente se "envenena".

Identifiquei várias situações em que os agentes ingeridos não eram os remédios para o câncer, mas os sentimentos nocivos que plantaram algo muito ruim em meu interior. Hoje esses componentes emocionais aparecem com uma identidade completa, somatizados no meu corpo; nos resultados dos exames, consta nome: carcinoma.

Pensar que esse mal não foi adquirido, mas desenvolvido por mim mesma, me fez refletir muito. Por incrível que pareça, o auge da reflexão acontecia durante as crises de vômito. Em meio a todo aquele mal-estar que os remédios me causavam, eu queria entender o que havia de tão ruim, além do câncer, que exigisse aquela medida tão extrema.

Comecei a comparar aqueles sintomas aos sentimentos de culpa, mágoa e rancor. Observei que havia sido envenenada por esses componentes extremamente nocivos que foram despertados diante de acontecimentos traumáticos que vivenciei no passado.

Durante muitos anos alimentei um sentimento de "culpa". Era um arrependimento pelas escolhas desastrosas que fiz. Em outros momentos, sentia raiva de mim mesma, por me sujeitar aos caprichos dos outros de maneira passiva e sem tomar qualquer medida que pusesse fim a uma série de exageros e abusos dos outros em relação a mim. A culpa foi um veneno que eu tomei, sem perceber o mal que ela estava me causando.

A "mágoa" foi outra espécie de veneno emocional. Depois de tantas decepções com os outros, que abriram feridas internas em mim, eu mesma me agredia e as perfurava, tornando profundas as desilusões.

Hoje reconheço que as pessoas não corresponderam a tudo o que eu depositei nelas. Projetei nas relações a minha completa felicidade e as pessoas não corresponderam à altura. Minha mágoa foi produzida por um sentimento corrosivo meu, não necessariamente pelo que os outros me causaram.

O "rancor" talvez tenha sido o mais duro e ruim sentimento com o qual me contaminei. Percebi-o numa crise muito forte de sintomas decorrentes da quimioterapia, talvez a pior crise que tive durante todo o tratamento. Achei que não iria suportar a medicação.

Foi quando identifiquei o quanto fui rancorosa. Cristalizei esse sentimento, que ficou arraigado no meu ser, tornando-me uma pessoa amarga diante da vida. Qualquer um que se aproximasse de mim sentia a minha barreira. Meu semblante esboçava uma amargura. A energia que eu exalava criava barreiras que dificultavam que as pessoas se aproximassem de mim.

Com tantos sentimentos nocivos que me contagiaram, o câncer foi um reflexo do quanto fui contaminada por minhas próprias emoções negativas.

À medida que me conscientizava dos fatos desagradáveis do passado que me geraram tantos sentimentos ruins, procurava me desvencilhar desses componentes arraigados no meu ser e notava que os sintomas da quimioterapia iam ficando mais brandos.

Atualmente estou curada do câncer, as sessões de quimioterapia varreram todas as células cancerígenas do meu organismo. Acredito que minha consciência colaborou com esse processo.

De qualquer forma, não permito mais que nenhum sentimento nocivo se instale dentro de mim. Procuro respeitar os limites dos outros, não agravo os episódios ruins, evito sentir mágoa.

Fico sempre do meu lado, mesmo quando faço escolhas erradas. Em vez de me mortificar pelos erros, busco maneiras de atenuar os reflexos negativos e abraço as novas alternativas.

Não permito que sentimentos repugnantes perdurem no meu interior, gerando rancor, revolta e até ódio.

Essas atitudes me deixam leve para aproveitar melhor a vida. Ao agir dessa maneira, constatei que tenho exercitado o perdão. Ele remove as impurezas do interior do ser, tornando a vida bela e agradável para ser vivida a todo instante.

DIABETES

O mau humor e o derrotismo afetam o pâncreas e podem causar o diabetes

O pâncreas é um órgão discreto e essencial para o metabolismo corporal. Ele desempenha dupla função: endócrina e exócrina.

Como glândula exócrina, produz um líquido alcalino denominado suco pancreático, que é secretado no duodeno para neutralizar a acidez do quimo (substância que sai do estômago carregada de ácidos). Esse suco possui enzimas poderosas que encerram o processo de desmembramento dos componentes do quimo, favorecendo a digestão.

A função desempenhada pelo pâncreas como glândula endócrina consiste na produção de insulina e de glucagon. Esses hormônios formam uma espécie de "gangorra química" que equilibra os níveis de glicose (uma das principais fontes de energia) na corrente sanguínea.

A função da insulina é transportar a glicose até os tecidos e garantir a sua entrada nas células para a produção de energia. O glucagon estimula o fígado a liberar mais açúcar para o sangue, regulando o nível de glicose na corrente sanguínea.

Os aspectos metafísicos relacionados às funções exócrinas do pâncreas consistem em contemporizar os acontecimentos, ter habilidade para lidar com as situações difíceis do cotidiano de maneira relativamente equilibrada e, assim, apropriar-se dos conteúdos essenciais das ocorrências.

Evite reagir com drama, escândalo ou desespero. Dramatizar agrava os acontecimentos e dificulta o entendimento da situação. Responder escandalosamente desperdiça energias poderosas que, se forem bem canalizadas, transformariam as situações ruins.

As funções endócrinas do pâncreas, segundo a Metafísica da Saúde, referem-se à administração interna das fortes emoções, canalizando essas forças poderosas do ser com sabedoria, preservando a disposição, a alegria e o bom humor. Essas atitudes preservam a qualidade de vida e mantêm a saúde pancreática.

Os bons resultados exteriores são consequências da estabilidade emocional. A capacidade de gerenciar as emoções e mantê-las estáveis pode ser denominada Inteligência Emocional, que consiste em controlar as reações instintivas e promover respostas mais apropriadas ou assertivas para os problemas exteriores.

Dentre as principais doenças do pâncreas, a mais comum é o diabetes. Existem dois tipos da doença: o tipo 1 (em que ocorre a destruição das células do pâncreas que produzem a insulina) surge na infância ou no adulto jovem, requer o uso de insulina no tratamento e representa aproximadamente 10% dos diabéticos; o tipo 2 (em que ocorre a redução da produção de insulina ou a incapacidade do organismo de usá-la), que representa cerca de 90% dos casos, geralmente ocorre após os 35 anos de idade e seus sintomas são leves, podendo passar despercebidos, o que dificulta seu diagnóstico.

Aspectos da Metafísica da Saúde

Diabetes tipo 1: destaca-se uma espécie de "torpor emocional" diante das adversidades. Trata-se de jovens que não sabem administrar suas emoções e se comportam de maneira aparentemente indiferente aos acontecimentos, recorrendo ao isolamento. Não raro, esboçam visível mau humor. A impulsividade característica dos jovens fica reprimida, "fecham a cara" diante de algum contratempo e ficam "emburrados", como se diz popularmente.

Novo padrão: deve-se procurar resgatar as forças interiores e restabelecer o bom humor.

Diabetes tipo 2: os incontáveis sofrimentos da trajetória de vida da pessoa constituem uma espécie de "engessamento emocional" que inibe sua capacidade de reagir às adversidades. Os esforços para manter a tolerância comprometeram a força reativa, "anestesiando" sua impetuosidade.

Essa conduta dificulta a interação harmoniosa com o meio e a pessoa prefere se isolar para não ser intransigente.

Esse tipo de diabetes representa o uso indevido da inteligência emocional. Em vez de ordenar as forças reativas, reprime seus impulsos de tal forma que suas emoções ficam abaladas, comprometendo a disposição para se dedicar a novos projetos de vida ou a outros relacionamentos.

Novo padrão: dedique-se a resgatar o sabor pela vida, transforme as experiências adquiridas em combustível para modificar as situações desagradáveis do cotidiano.

GRIPE E PNEUMONIA

Quando o sentimento de impotência e insucesso levam ao esgotamento das forças e da disposição, a gripe pode evoluir para uma pneumonia

A Metafísica da Saúde explica a estreita relação entre os processos orgânicos e os padrões emocionais. Quando uma doença afeta o corpo, além das causas orgânicas existem componentes internos gerados pela conflituosa relação com o mundo.

Além do tratamento clínico e medicamentoso oferecido pela medicina, faz-se necessário promover mudanças na maneira de pensar e sentir os processos existenciais. A gripe é um exemplo disso. Se não mudamos o padrão, ela pode evoluir para uma pneumonia.

A gripe é uma infecção que afeta principalmente as vias respiratórias, provocando febre, dores musculares etc.

No âmbito metafísico, podemos ficar gripados quando estamos atravessando períodos de mudanças no trabalho, nos relacionamentos, ou em qualquer área em que precisamos lidar com novas situações, em que ainda não estamos seguros de que os resultados obtidos serão promissores.

A certeza no sucesso encontra-se abalada, as dúvidas e as incertezas em relação aos fatos provocam confusão mental e abalo emocional, seguidos de perda de foco nos resultados.

A transformação do padrão emocional ocorre mediante o resgate da fé nos resultados promissores. Fluir na certeza de que tudo se encaminha para um bom fim e ter certeza de que, ao fazer o melhor que podemos, obtemos bons resultados, é a nova atitude que nos revigora, favorecendo o resgate da saúde.

No entanto, caso isso não ocorra e a gripe perdure por mais de uma semana, com febre persistente, a situação passa a requerer atenção. Procure um médico para averiguar se o quadro não evoluiu para pneumonia (inflamação dos alvéolos pulmonares que compromete a capacidade de troca gasosa entre o pulmão e o sangue; pode se manifestar com ou sem infecção).

No âmbito metafísico, a pneumonia representa um elevado grau de cansaço. Mesmo gostando do que faz, as exigências externas e as cobranças internas, agravadas pelo sentimento de impotência e insucesso, levam ao esgotamento das forças e da disposição para continuar atuando.

A maneira de realizar as tarefas é fundamental para proporcionar tanto resultados promissores quanto esgotamento. A segurança e a fé evitam a atuação excessiva, proporcionam satisfações positivas que revigoram as nossas energias. Já a incerteza e a necessidade de provar aos outros nossa competência esgotam nossas forças.

As pessoas afetadas pela pneumonia sentem-se consumidas pelas demandas do cotidiano e massacradas pelas obrigações. Não lhes sobra tempo para relaxar, tampouco para fazer suas atividades prediletas. A sensação é de frustração, por dar mais do que recebe, e a triste constatação é de não ter valido a pena tanta dedicação. A impressão que se tem é de que todos os esforços foram em vão.

Quem sofre dessa doença tem um discurso frequente: "Tudo Eu? Justo Eu? Por que Eu?".

Esses "jargões conversacionais" devem ser substituídos por: "Sei muito, posso tudo e faço somente o que der".

Para superar o padrão metafísico causador da pneumonia, faz-se necessário transformar as obrigações em opções; procurar fazer o suficiente ou aquilo que estiver a seu alcance; aumentar a confiança e reduzir os exageros; transformar o cansaço em consciência do aprimoramento e da evolução espiritual.

GRIPE: PREVINA-SE!

O que falta nas pessoas afetadas pela gripe é acreditar em seu próprio potencial e confiar nos processos da vida

A gripe é um processo infeccioso decorrente do contágio do vírus influenza, na gripe comum, e do vírus influenza H1N1, na gripe que ficou conhecida como "suína".

Além da presença desses vírus nos quadros gripais, outros fatores devem ser levados em consideração, tais como o biológico ou a baixa imunidade do corpo, as condições de vida e sociais na ocasião em que ocorrem os contágios e, principalmente, os conflitos internos das pessoas afetadas pela gripe. Esse conjunto de fatores pode ser denominado *biopsicossocial*.

A vacinação contra a gripe está sendo realizada em grande escala na população, mas convém avaliar os padrões metafísicos causadores dos contágios da gripe. Desse modo se adquire um importante recurso na esfera psicoemocional para se prevenir do contágio.

Os estudos da Metafísica da Saúde atribuem aos estados emocionais os fatores primordiais para a manifestação das doenças. Segundo esses estudos, as condições do corpo são alteradas por causa dos sentimentos produzidos pelas pessoas em sua relação com o meio exterior.

Cada área do corpo afetada expressa um tipo de abalo emocional. Com a consciência dos conflitos internos, a pessoa passa a ter um significativo recurso para resgatar a saúde.

Além de todos os cuidados clínicos e medicamentosos orientados pelos médicos, as pessoas afetadas por alguma doença podem buscar, no seu interior, as causas metafísicas ou emocionas dos males que afetam seu corpo.

Os quadros gripais decorrentes do contágio dos vírus afetam os organismos com baixa resistência imunológica.

A queda das defesas do corpo, segundo a Metafísica da Saúde, reflete os abalos emocionais das pessoas diante das adversidades do cotidiano, tais como as incertezas econômicas, as instabilidades profissionais, os abalos familiares, os conflitos amorosos e, ainda, as preocupações excessivas, fases de mudanças, incertezas e medos em relação ao futuro etc.

O que falta nas pessoas afetadas pela gripe é acreditar em seu próprio potencial e confiar nos processos da vida, ter convicção de que tudo acaba bem e, de uma maneira ou de outra, de que as situações embaraçosas do presente são resolvidas.

Independentemente do que acontece ao redor, não se pode se desorganizar interiormente. Não permita que as turbulências do meio invadam seu Ser, abalando sua estabilidade emocional. Reaja com confiança às más notícias. De acordo com a Metafísica da Saúde, quanto mais firme a pessoa estiver, menos chance tem de ficar gripada.

AI, QUE DOR DE CABEÇA!

Procure resgatar a satisfação naquilo que faz, pois sua maneira intensa de lidar com os acontecimentos compromete o prazer

Se você acha que está sozinho neste quadro, engano seu! Existe um número expressivo de pessoas, em especial mulheres, que sofrem desse mal.

Crises de cefaleia tiram o encantamento do que se passa ao redor, provocam indisposição e aniquilam o bom humor. Não é fácil sair de casa, trabalhar e se relacionar com dor de cabeça!

Os sintomas podem surgir basicamente nos picos das atividades metabólicas, tais como ciclos menstruais, variação do padrão alimentar, ingestão de comidas fortes ou excessivamente condimentadas ou, ainda, esgotamento físico, estresse e sono irregular. Outros causadores são os cheiros fortes e a claridade excessiva. Uma enorme gama de intempéries do próprio corpo ou do meio pode provocar algum tipo de dor de cabeça.

Mas será que é só isso? E por que acontece com você? Atribuir às condições físicas ou às do ambiente não explica por que uns sofrem tanto e outros não sentem nenhum desconforto, mesmo se expondo aos fatores de risco ou cometendo uma série de exageros.

Segundo a Metafísica da Saúde, esses fatores são estopins dos padrões psicoemocionais. As causas metafísicas consistem na maneira como a pessoa elabora os acontecimentos e no jeito como ela interage com os outros ou com os fatos inusitados. A questão não é o que acontece, mas o que ela faz ou como lida com as ocorrências do meio.

Trata-se de condutas exageradas na interação com as situações existenciais, preocupações demasiadas e responsabilidades excessivas. A pessoa quer dar conta de tudo, não deixa nada escapar do seu controle, cuida de cada detalhe. Apesar de sua habilidade para tomar conta de toda situação, com elevada desenvoltura e competência, o esgotamento causa um cansaço psíquico. Mesmo dormindo bem, não consegue descansar, a cabeça fica "pesada", não "desliga" nem durante o repouso, parece que à noite os pensamentos se tornam mais intensos. Dorme preocupada com as dificuldades e acorda pensando em como viabilizar as possibilidades. Não consegue relaxar nem mesmo por alguns instantes.

Não é de uma hora para outra que se muda esse padrão de comportamento. Faz-se necessário conscientizar-se de seus limites de atuação no cenário, de que não se pode mudar todo o contexto. Procure voltar sua atenção para si e não se deslocar para o ambiente ou se preocupar demasiadamente com os outros, trabalhe a aceitação.

Ao persistir nessa conduta de dar conta de tudo e deixar tudo do jeito que julga ser adequado, demonstra certo capricho de sua parte e também pode ser considerado um traço de personalidade de uma pessoa mimada ou dominadora.

Procure resgatar a satisfação naquilo que faz, pois sua maneira intensa de lidar com os acontecimentos compromete o prazer. Não sobra espaço na mente para contemplar e se encantar com os episódios do ambiente. Descubra uma maneira de se distrair para não ficar pensando a todo instante nas situações problemáticas.

Atividades esportivas são recomendadas para este caso, pois ativam o corpo e ajudam a silenciar a mente. Participar de eventos culturais também favorece o despertar dos sentimentos. Tente olhar para as pessoas e para os acontecimentos não com a mente, mas com os olhos da alma, que "habita o centro do peito". Isso minimiza a agitação mental, eleva a compreensão e evita assumir obrigações que não são atribuídas exclusivamente a você.

Pode-se dizer que essa nova postura, além de minimizar metafisicamente os sintomas de dor de cabeça, colabora significativamente para a sua qualidade de vida. Tenha uma "boa cabeça" para ser realizado e feliz.

TIPOS DE ALERGIA

As suscetibilidades emocionais de pessoas com alergias respiratórias e de pele

Alergia é uma hipersensibilidade a determinadas substâncias estranhas ao organismo, denominadas antígenos. A suscetibilidade do corpo aos fatores alérgicos desencadeia uma intensa resposta imunológica. A partir do contato inicial com essas substâncias, surge um processo inflamatório que causa reações exageradas ao organismo.

Existem dois grupos de alergia: respiratórias e de pele. As inflamações alérgicas das vias respiratórias são sintomas da asma (também conhecida como bronquite alérgica) e da rinite alérgica. As manifestações alérgicas da pele caracterizam-se por lesões e coceiras intensas.

Os aspectos metafísicos das alergias consistem no estado de alerta e exagerada prontidão diante de determinadas situações existenciais. Aparentemente, as pessoas alérgicas são ousadas e dispostas ao confronto, dificilmente se reprimem ou se escondem, ao contrário, mostram-se ansiosas, nervosas e irritadiças diante das adversidades. Essa agitação interior e os comportamentos descomedidos são decorrentes da insegurança e do medo.

As pessoas adultas que apresentam sintomas alérgicos sentem-se vulneráveis aos insucessos e desprovidas de recursos internos para driblarem os obstáculos. A falta de habilidade para lidar com certos acontecimentos ativa os mecanismos psicoemocionais, provocando as posturas que se alternam entre exagerada defesa ou exagerado ataque. Em alguns momentos mostram-se arredias e, noutros, agressivas. Essas condições internas, segundo a Metafísica da Saúde, são responsáveis pelas reações de hipersensibilidades do corpo aos fatores alérgicos.

As alergias nas crianças representam semelhantes condições internas, porém com algumas peculiaridades. Elas não contam com recursos internos para lidarem com as situações novas e inesperadas. Faltam-lhes a curiosidade e a ousadia próprias da criança. Em vez de se comportarem de maneira investigativa e dispostas a aprenderem, mostram-se arredias e intolerantes.

Cabe aos adultos, pais ou cuidadores, transmitir segurança e apoio a elas, estimulando-as a se sentirem em condições de serem bem-sucedidas naquilo que vão enfrentar na escola ou na família, inspirar confiança e calma para lidarem com os obstáculos, e descobrir maneiras para quebrar as "couraças emocionais" que provocam a aparente frieza ou a irritabilidade.

De acordo com as áreas do corpo afetadas pelas alergias, e também dependendo dos fatores alérgicos, existem interpretações metafísicas específicas, como veremos a seguir.

Alergias respiratórias relacionadas a rinite refletem excesso de autocobrança e exigência demasiada das pessoas sobre si mesmas, que procuram ser exímias naquilo que realizam. Qualquer risco de insucesso lhes causa preocupações excessivas. Com tantas expectativas sobre si mesmas, as pessoas se sentem incapazes de corresponder à altura as exigências do meio.

As reações alérgicas relacionadas a asma representam a busca pela aprovação dos outros. A simples hipótese de serem desqualificadas provoca o medo de rejeição, seguido de extremo exibicionismo e ações compensatórias. Geralmente as crises asmáticas coincidem com a desqualificação ou perda de algum fator que promova as respostas favoráveis do meio. De alguma forma, as pessoas se sentem ameaçadas ou prejudicadas.

Conheça na tabela a seguir os principais fatores alérgicos que afetam as vias respiratórias e seus respectivos significados metafísicos.

Fatores	Significados metafísicos
Ácaro	Fatos corriqueiros ou detalhes que podem abalar seu conceito perante o grupo.
Fungos	Deterioração dos laços fraternos.
Pequenos insetos	Intromissão de outrem, que prejudica seu convívio e abala a ordem do ambiente, invadindo seu espaço.
Pelos de animais	Dificuldade nas relações interpessoais; não sabe lidar com a ternura e a afetividade.
Pólen	Conflito com a própria sexualidade ou dificuldade de estabelecer vínculos amigáveis ou amorosos.
Cheiro forte de perfume	Preocupação excessiva com falsidade.
Cheiro de produtos químicos	Medo de ser tratado com hostilidade.

As alergias de pele representam preocupação excessiva de contato com os outros e dificuldade para estabelecer relações interpessoais. Trata-se de pessoas que apresentam comportamentos arredios ou irritadiços tanto com aqueles com quem convivem quanto com os estranhos. Ao mesmo tempo em que se fecham ou se atritam, ficam tristes pelo distanciamento afetivo. O sintoma de coceira significa insatisfação. De certa forma, o prazer que a aproximação afetiva proporcionaria é saciado pelo ato de coçar.

Conheça na tabela a seguir os principais fatores alérgicos que afetam a pele e seus respectivos significados metafísicos.

Fatores	Significados metafísicos
Medicamentos	Interferências alheias.
Antibióticos	Não gosta que tomem a sua defesa.
Analgésicos	Evita ser poupado, temendo agravantes futuros.
Leite e derivados	Dificuldade de relacionamento com sua mãe ou dificuldades existenciais.
Conservantes	Conservadorismo.

OS PENSAMENTOS

Como os pensamentos podem influenciar na saúde

Os pensamentos produzidos na mente são espécies de vetores existenciais. Eles produzem o vigor físico, despertam a vontade, manifestando a animosidade. Aquilo que se pensa manifesta-se imediatamente no corpo.

Os bons pensamentos causam bem-estar físico e emocional, enquanto os pensamentos nocivos interferem negativamente nas emoções e, consequentemente, no organismo, gerando conflitos emocionais e transtornos na saúde.

A citação latina *mens sana in corpore sano*, que significa "mente sã em corpo são", demonstra a integração biopsíquica.

"Cabeça boa" não é um produto que se adquire no mercado, nas farmácias ou se recebe de alguém. Para constituir um universo mental saudável, faz-se necessário buscar conhecimentos por meio de leituras, atividades culturais e participação em eventos que enalteçam os potenciais inerentes ao ser.

O aprimoramento pessoal fortalece emocionalmente, tornando as pessoas resistentes às adversidades da vida, sem se desesperarem ou se chatearem a ponto de se desequilibrarem ou adoecerem.

Quando se está doente, toma-se remédio. Quando o corpo está fraco, buscam-se nutrientes. Mas quando as emoções estão abaladas, a mente está perturbada e o coração está "partido", a solução não vem de fora, ela está dentro da própria pessoa.

A superação desses processos só é possível por meio dos conteúdos positivos agregados ao longo da trajetória existencial. Quem tem uma cabeça boa sofre menos, supera os conflitos com mais facilidade, amortiza o sofrimento e dificilmente adoece.

As pessoas investem em bens materiais, especializam-se na carreira, preocupam-se com a estabilidade econômica, coisas indispensáveis para a sobrevivência.

Pouca atenção é dada ao desenvolvimento emocional. Raramente se encontra alguém buscando recursos que fortaleçam o indivíduo, tornando-o forte e seguro para lidar com as adversidades. A estabilidade econômica não compensa as fragilidades emocionais.

Ao se depararem com situações fortes, como a perda de um ente querido, decepções amorosas ou familiares, sem preparo emocional, elas entram em processos ansiosos e deprimem-se, chegando a adoecerem.

O aprimoramento pessoal não é tudo na vida, mas representa um fator de elevada importância para viver bem consigo mesmo e com os outros. A boa leitura representa um papel significativo na promoção da autoestima e no desenvolvimento emocional.

Os livros devem ser companheiros inseparáveis das pessoas que se preocupam com a estabilidade emocional, principalmente as obras com teor de autodesenvolvimento.

Algumas editoras se especializaram na produção de livros com esses temas. A Editora Vida & Consciência, por exemplo, produz obras com essa finalidade, reunindo um time de autores comprometidos com o bem-estar do ser humano, tratando de temas como confiança, autoestima, espiritualidade, metafísica moderna e outros que fortalecem o indivíduo para lidar com os desafios existenciais.

Eu, Valcapelli, me sinto lisonjeado por fazer parte dessa equipe de autores. O trabalho editorial reúne uma equipe de elevado nível profissional.

Sob a direção da família Gasparetto, a editora representa uma possibilidade de publicação das nossas pesquisas no campo de aprimoramento pessoal.

A VOZ DAS EMOÇÕES

*Ao falar expomos um ponto de vista
e assinamos nossos pensamentos*

A comunicação possibilita o trânsito do ser do universo interior para o mundo exterior. É o ato de se lançar por meio das ondas sonoras e de atingir o ouvinte.

Nessa viagem, saímos da zona de conforto e do silêncio, onde não precisamos nos incomodar com o outro, onde permanecemos somente com nossos pensamentos e as concepções que fazemos das situações exteriores.

Ao nos lançar em direção ao outro, nos expomos, ficando à mercê dos julgamentos.

Uma explosão sonora nos lança para fora, e o ouvido mais próximo da boca é o nosso próprio ouvido. Somos os primeiros a avaliar o que é pronunciado e a julgar o que foi dito por nós mesmos. Em seguida, surge certa *angústia*, quando esperamos que os outros concordem com nosso ponto de vista. Isso causa a *ansiedade* durante a comunicação.

Não raro, tememos ser criticados por quem nos ouve. O *medo* é comum quando se fala em público. Pode-se dizer que ficamos ansiosos para atingir os resultados promissores daquilo que expressamos ou com medo de respostas desfavoráveis, reprovações, recriminações e críticas.

Uma pesquisa sobre os principais tipos de medo feita pelo jornal britânico *The Sunday Times* com três mil pessoas apurou que 41% dos entrevistados têm medo de falar em público. Os outros tipos de medo foram: de altura (32%), de inseto (22%), da morte (19%). O medo da exposição pública é um fantasma que sufoca grandes talentos. Muitas pessoas capazes deixam de atingir seus objetivos por medo de exporem sua imagem em momentos estratégicos de sua carreira.

Os sentimentos desagradáveis que emergem durante a comunicação praticamente sufocam a expressão da simpatia e da ternura, dificultando pronunciar elogios e admiração aos outros. Na hora de manifestar esses conteúdos positivos durante as relações coletivas, somos tomados pela instabilidade emocional, pois, enquanto permanecíamos recolhidos internamente, estávamos protegidos na redoma de nós mesmos.

Ao falar expomos um ponto de vista e assinamos nossos pensamentos. Falar exige assumir posições, responsabilizar-se pelo que é dito. Esse não é um padrão comum; não raro temos dificuldade de nos manter firmes no sentimento, evitando ao máximo o confronto com os outros.

A voz é uma espécie de porta de saída do ser em direção aos outros. Ela reflete nosso estado emocional. As características da comunicação revelam importantes traços psicoemocionais:

Timbre de voz: condição emocional.

Voz grossa: maturidade emocional.

Voz extremamente grossa: compensação dos pontos fracos.

Voz fina: pouca maturidade.

Voz extremamente fina: imaturidade emocional.

À medida que nos comunicamos, passamos a revelar nossos talentos no mundo e a nos aproximar das pessoas que nos cercam.

A fala promove a movimentação dos atributos internos. As qualidades são enaltecidas e as dificuldades são superadas. Nesse movimento, os pontos fracos da personalidade e os fatores a serem transformados são reformulados.

Durante a comunicação, nos reformulamos internamente. Os resultados e os comentários acerca daquilo que exteriorizamos norteiam nossa conduta e reorganizam nosso mundo interno. Ao expormos e compartilharmos nosso ponto de vista, podemos rever os equívocos e nos tornarmos mais assertivos. Não devemos deixar passar a oportunidade de expressar o que somos e implantar nossa referência no mundo externo. Sem comunicação não há conquista, tampouco realização.

LIBERTAÇÃO E CURA

Atingindo a consciência metafísica para ganhar saúde e qualidade de vida

A moderna metafísica é um estudo dos fenômenos interiores e existenciais que atribui ao Ser a causa dos fenômenos que ocorrem no corpo e no ambiente exterior.

A diferença entre a metafísica moderna e a aristotélica, que se refere a Aristóteles, criador do termo, consiste na visão desse filósofo, que atribuiu a palavra à busca dos fatores causais.

Na metafísica aristotélica, uma vez encontradas as causas, elas são inalteráveis. Já a moderna metafísica estuda o ser humano como sendo a causa dos processos que ele próprio vive.

Como somos seres em constante processo de adaptação e desenvolvimento, basta reformularmos padrões nocivos e nossa maneira de pensar para modificarmos os reflexos negativos.

O principal elemento de transformação dos fenômenos é a consciência. O estudo desse agente possibilita o uso de uma técnica que nos aproxima da fonte interior, resgatando o poder de sermos felizes, saudáveis e realizados.

A consciência do processo é libertadora e promove saúde e qualidade de vida. A mente transita nos componentes da consciência. A compreensão dos fenômenos é um recurso que serve de combustível psíquico para a manifestação existencial.

Durante a fase de formação da psique, ainda na primeira infância, as crianças não se cansam de fazer as mesmas perguntas, o que geralmente esgota a paciência da maioria dos adultos. Mas elas precisam ouvir repetidas vezes as mesmas respostas para formar um registro em sua mente, compondo o universo de aprendizado que lhes fornece elementos para sua manifestação no mundo.

A vida é um caminho rumo à consciência, que nos aproxima dos próprios potenciais e promove o domínio sobre nossos recursos internos e sobre os fatores existenciais, resgatando o poder de atuação na vida.

Pode-se dizer que uma pessoa consciente tem capacidade de exercer domínio sobre ela própria e sobre o meio ambiente. Já aquelas que ignoram a realidade dos fatos são dominadas pelos outros e se tornam vítimas das fatalidades do mundo, podendo provocar doenças em seu corpo.

O fenômeno da consciência é regido por uma espécie de lei segundo a qual, ao negarmos ou tentarmos esconder de nós mesmos as verdades ou dificuldades, elas aparecem de maneira exagerada no ambiente exterior. Assim, tudo o que nos acontece de bom ou de ruim faz parte de um processo de intensificação das qualidades e revelam as verdades a nosso respeito.

Todos os que buscam a saúde ou a solução de seus problemas devem responder à seguinte pergunta: você quer encarar as verdades e tornar-se consciente ou quer ficar à mercê da sorte e imerso no torpor existencial para se poupar da realidade dos fatos?

A resposta favorável a essa questão representa um significativo passo rumo à solução dos problemas de saúde e/ou existenciais. Sem a consciência ficamos dependentes de medicação para amenizar a dor ou somos lançados à própria sorte, esperando a solução dos problemas financeiros, sociais ou relacionais.

A resistência prolonga o sofrimento e a aceitação abrevia o processo e aciona a recuperação!

As verdades podem nos surpreender, decepcionar, frustrar e até machucar, mas o resultado final é sempre bom. Assumir os próprios potenciais, tirar do outro o poder que atribuímos a eles e reconhecer nossos talentos promovem o resgate das forças interiores que, segundo a Metafísica da Saúde, fortalecem os respectivos órgãos do corpo, preservando a saúde.

Cada órgão representa uma espécie de departamento dos talentos do Ser. A saúde manifesta o bom emprego dos potenciais inerentes à alma, e as doenças são vistas pela Metafísica da Saúde como a negação, o bloqueio ou o desequilíbrio desses conteúdos latentes. Ao empregar esses potenciais na vida, promovemos a saúde dos respectivos órgãos. Consequentemente, os resultados são promissores, nos tornamos prósperos e felizes.

Em vez de buscar soluções exteriores ou opiniões dos outros, acesse seu poder criativo associado às gônodas (ovários e testículos) que as alternativas vão surgir em sua mente.

Não busque aprovação nos outros, assegure-se de sua capacidade de agir e transformar as situações, confie em seu potencial realizador, associado aos músculos esqueléticos. Habite seu templo espiritual e conecte-se a si mesmo, recolhendo-se aos ossos, que representam sólidas colunas que sustentam o seu corpo.

Nos cinco volumes da série *Metafísica da Saúde*[5] , você encontra os potenciais relacionados aos órgãos e sistemas do corpo e os conflitos associados às principais doenças, possibilitando um caminho de desenvolvimento pessoal e de saúde física.

---

5. Valcapelli e Gasparetto. *Metafísica da Saúde*, Editora Vida & Consciência, São Paulo, 5 vols.(2000-15)

SAÚDE E DOENÇA

*Por que adoecemos e como ser saudável,
segundo a Metafísica da Saúde*

Quem nunca ouviu falar em doenças psicossomáticas? Mas como se dá a transposição da enfermidade no corpo físico? Essa é a chave para a verdadeira saúde.

A condição interna do ser humano é um fator determinante para a saúde do corpo. Quando ele é afetado por alguma doença, sem dúvida existe um conflito desestabilizando o quadro emocional da pessoa.

As pesquisas sobre a causa metafísica das doenças objetivam exatamente compreender a origem dos males físicos, possibilitando ao doente um recurso de autoajuda. E isso segue paralelo ao tratamento clínico, indispensável para a breve recuperação do organismo afetado pela doença.

Apesar de as pesquisas metafísicas não serem de cunho científico, elas têm sido recebidas com grande simpatia por muitos profissionais da área de saúde, pois abordam fatos facilmente observados em seus consultórios durante o contato com os enfermos.

Muitos médicos, muito além de simplesmente diagnosticar doenças, mantêm uma boa relação médico-paciente. Esse procedimento é de máxima importância, pois não basta conhecer o histórico físico da pessoa, também é necessário tratá-la com humildade, reconhecendo as angústias e os medos que a doença pode desencadear naquele ser. O médico que adota essa conduta é benquisto pelos pacientes, e tal procedimento conta muito na hora de escolher com qual profissional a pessoa vai se tratar. Essa atitude do médico acaba ajudando o paciente a entrar em contato com suas emoções para identificar as principais dificuldades, os medos e receios que criam uma espécie de ressonância com certos males físicos.

O médico pode inclusive averiguar a veracidade de suas descobertas sobre a condição emocional que provoca a somatização da doença.

Os estudos acerca do emocional desencadeador dos males físicos não põem abaixo os caminhos orgânicos das doenças, apenas acrescentam, desvendando a condição interna do doente. Eles também não descartam a necessidade de tratar o órgão adoecido. É importante observar que, quando existe a somatização no físico, há a necessidade da ação medicamentosa ministrada pelos médicos.

As descobertas sobre a causa metafísica das doenças representam um recurso a mais para sanar o mal do corpo por meio da reformulação interior. Afinal, o maior aval das causas metafísicas das doenças é dado pelas próprias pessoas que apresentam os sintomas, pois eles revelam os conflitos e as dificuldades com que elas frequentemente se deparam na vida cotidiana.

Como pesquisador metafísico, tenho investido toda minha atenção na descoberta das origens metafísicas dos problemas que afetam o corpo. Venho realizando esse trabalho há aproximadamente vinte anos, ministrando cursos sobre este tema e dando orientações em meu programa semanal na Rádio Mundial FM[6]. Minhas orientações sobre as doenças e a necessidade de o paciente realizar um trabalho interior têm sido praticadas por aqueles que me solicitam e os resultados têm sido surpreendentes.

O sucesso desse trabalho deve-se à grande verdade contida naquilo que é apontado para as pessoas, pois atinge o principal foco de conflito vivenciado em suas vidas.

Em parceria com Luiz Gasparetto foram lançados cinco volumes da série *Metafísica da Saúde*[7], elaborada com o objetivo de explicar a causa metafísica das principais enfermidades que afetam os órgãos do corpo.

---

6. Programa *Olhar metafísico da saúde*, na Rádio Mundial FM — 95,7, São Paulo, todas as quartas-feiras, às 9h30 da manhã.

7. Valcapelli e Gasparetto. *Metafísica da Saúde*, Editora Vida & Consciência, São Paulo, 5 vols. (2000-15).

POR QUE ADOECEMOS?

A doença é um processo orgânico que se instala em corpos debilitados. Por exemplo: uma infecção provocada por agentes transmissores. Os mecanismos que desencadeiam as moléstias são devidamente mapeados pela medicina, mas existe uma grande margem para questionamento: por que muitas pessoas têm contato com o mesmo vírus e só algumas são contagiadas?

A vulnerabilidade do sistema imunológico, que permite a proliferação dos agentes invasores, ocorre devido a uma condição interna desestabilizada. Cada distúrbio orgânico decorre de um conflito emocional, que a Metafísica da Saúde aponta com precisão, compreendendo, portanto, o que está acontecendo com a pessoa para que seu corpo adoeça.

O corpo não altera seu metabolismo ou apresenta fragilidade de um órgão de maneira aleatória. Tudo ocorre devido a uma condição conflitante do ser que habita o organismo. Todos nós somos individualidades manifestando-se na esfera física, animando um corpo com muitos órgãos e uma infinidade de funções biológicas. A Metafísica da Saúde tem como principal objetivo identificar os conflitos que desencadeiam determinado mal físico. É importante compreender que cada pessoa é uma individualidade à parte, mas somos muito parecidos nas dificuldades e nos conflitos que enfrentamos.

Cada um de nós está vivenciando situações que visam desenvolver os potenciais do nosso ser. Muitos apresentam conflitos entre a vontade de realizar ou não alguma coisa, ou mesmo de expressar medos, insegurança, incertezas etc. Geralmente isso ocorre por falta de autovalorização, por baixa autoestima, por negação de si mesmo no meio em que habita.

As pessoas sufocam suas vontades, mas não as perdem. Pode-se dizer que, mesmo não realizando o que gostariam, elas continuam sentindo o desejo, e ele permanece tão reprimido que nem elas mesmas se dão conta de sua existência. O mesmo ocorre com os potenciais latentes no ser: eles podem ser reprimidos, mas nunca os perdemos.

O fato de continuar existindo um foco de vontade gera impulsos que mobilizam a bioenergia do corpo para sua manifestação. Esse processo é interrompido pelos bloqueios estabelecidos no universo psicológico e cria os conflitos que, metafisicamente, são o foco desencadeador das doenças no corpo. Em resumo, esse processo interno provoca os distúrbios fisiológicos no corpo e é a causa metafísica das doenças.

VISÃO HOLÍSTICA

A metafísica compreende o ser como um todo. A alma mobiliza os fenômenos psíquicos, e do inconsciente brotam as emoções. Portanto, não se pode conceber que o foco do conflito seja puramente psicológico. As repressões estabelecidas por conceitos e valores absorvidos durante a vida não são a principal causa dos males físicos, mas sim os sentimentos nocivos que as pessoas cultivam em seu interior, como mágoas, ressentimentos etc. Existem ainda as condições de autodepreciação, como falta de amor-próprio etc. Essas posturas internas desencadeiam mecanismos psicológicos e figuram entre as principais causas dos males orgânicos.

A Metafísica da Saúde oferece uma visão holística dos mecanismos psicossomáticos. O corpo é o veículo de manifestação do ser e o referencial de expressão dos potenciais da alma. Cada parte do corpo reflete um conteúdo espiritual. Quando preservamos essas condições internas, mantemos a saúde.

Vejamos agora, de forma resumida, o que alguns sistemas do corpo representam metafisicamente.

Sistema respiratório: capacidade de interação com o ambiente. A saúde desse sistema é mantida quando a pessoa interage bem com o meio onde vive, sentindo-se parte integrante dele. Em geral, problemas respiratórios refletem as dificuldades para se inteirar com a vida e expressar-se diante das pessoas ao redor.

Sistema circulatório: capacidade de fluir pela vida, de fazer aquilo que tem vontade, de modo a não gerar desarmonia no ambiente. Realizar tudo que for necessário para bem viver, para manifestar as ideias e realizar os objetivos. De modo geral, as doenças cardiovasculares refletem a maneira indevida com que as pessoas conduzem sua vida. Elas não preservam aquilo que brota do seu ser, reprimem-se diante dos obstáculos ou, ainda, substituem seus valores básicos, passando a viver em função de objetivos que não são verdadeiramente importantes ao seu ser.

Sistema urinário: reflete o âmbito de parceria e relacionamento. É o referencial da habilidade de se relacionar — manifestar sentimentos, estabelecer laços afetivos e promover uma convivência feliz. A pessoa que apresenta complicações renais encontra muita dificuldade para estabelecer relacionamentos harmoniosos em sua vida.

Cada órgão que integra os sistemas do corpo possui uma representação metafísica. Consequentemente, as doenças têm um fator emocional desestabilizado. Uma vez reparado o problema, por meio da consciência metafísica, a pessoa obterá condições internas favoráveis a sua completa recuperação.

A FORÇA DOS DENTES

*A saúde dentária reflete nossa
capacidade de nos impor na vida*

Os dentes possuem uma consistência dura e estão fixados nos maxilares. Sua principal função é mastigar os alimentos. A dentição permanente no adulto é composta por trinta e dois dentes.

No âmbito da Metafísica da Saúde, os dentes representam nossa firmeza, determinação e capacidade para tomar decisões, a segurança na hora de agir, a certeza do que se deve fazer, sem se importar tanto com os reflexos das próprias ações e/ou com as opiniões alheias.

A saúde dentária reflete nossa capacidade de nos impor no meio, exteriorizando aquilo que é próprio de nós, com entusiasmo e determinação. Isso significa nos expor de forma ostensiva, sem ofender ninguém, conquistando espaço no meio e preservando nossos pontos de vistas.

Cárie

Quando os ácidos produzidos pela fermentação dos resíduos alimentares e a consequente proliferação de bactérias perfuram o esmalte (parte externa e mais dura dos dentes), provocando as cáries, significa, metafisicamente, o enfraquecimento de nossa capacidade de nos impor perante os outros, de ser pontuais e objetivos em nossas ações.

Canal

O canal dentário representa, na Metafísica da Saúde, as crenças que norteiam nossas decisões, compondo o senso de "certo e errado". Quando a perfuração das cáries afeta o canal dentário, provoca intensa dor, exigindo imediato tratamento de canal e restauração do dente. Esse processo é decorrente de intensos abalos emocionais, indignação e revolta causados pelas decepções profundas que fizeram rever as convicções sobre determinadas áreas da vida, de acordo com cada dente afetado. Veja a seguir um quadro dos dentes e seus significados.

Arcada superior	Consistência interior e autoapoio.
Arcada inferior	Mobilização dos conteúdos internos no ambiente.

Ilustração dos dentes e suas classificações

Dentes da frente (anteriores — nos 1 a 3 da ilustração)	Impulsividade e ousadia.
1- Incisivos centrais	Personalidade e identidade emocional (maneira de agir).
2 - Incisivos laterais	Relacionamento interpessoal e amoroso (posicionamento claro e definido nas relações).
3 - Caninos	Ataque, defesa e iniciativa (habilidade para agir prontamente em defesa das conquistas ou para obtenção de novos horizontes).

Dentes de trás (posteriores — n°s 4 a 8 da ilustração)	Persistência, tenacidade e motivação.
4 - 1os pré-molares	Segurança (condições econômicas e/ou apoio das pessoas do convívio).
5 - 2os pré-molares	Estabilidade (capacidade de lidar com as oscilações do cotidiano, de manter-se bem diante dos altos e baixos).
6 - 1os molares	Vitalidade e senso de família (os laços familiares representam as suas bases de apoio emocional e fortalecimento interior).
7 - 2os molares	Sexualidade e sensualidade (preservação das fontes de prazer íntimo e existencial).
8 - 3os molares (dentes do siso)	Espaço e ambientação (conquista de respeito por parte dos entes queridos e facilidade de se ambientar nos grupos em que atua). Na arcada humana, que está em fase de transformação, pode ocorrer dos dentes do siso não nascerem. Mesmo assim, os potenciais metafísicos relacionados a eles são preservados. Por outro lado, eles podem nascer precocemente nos jovens que são prematuros nessas habilidades; desde cedo esses jovens são

8 - 3os molares (dentes do siso)	respeitados no ambiente e participam das decisões. Já quando os dentes permanecem inclusos ou apresentam problemas, representam que as pes-soas não manifestam a sua capacidade de conquista do ambiente em que vivem.

OBESIDADE INFANTIL

Aspectos emocionais do sobrepeso nas crianças, segundo a Metafísica da Saúde

A obesidade infantil atinge índices alarmantes no Brasil. Isso se deve, em grande parte, à alimentação incorreta oferecida às crianças. Mas também devemos levar em consideração alguns aspectos emocionais, a rotina da família e o comportamento tanto das crianças quanto dos pais.

A vida nas grandes cidades restringe os espaços para os pequenos correrem, brincarem e pularem. Raramente eles vão ao parque, os pais não têm tempo para passearem e as casas praticamente não possuem quintal. Muitas crianças moram em prédios sem playground. Geralmente vão à escola de perua ou os pais as levam de carro, evitando a caminhada.

Nos colégios, por sua vez, as áreas reservadas para atividades físicas foram reduzidas, quase não há mais pátio. Sobram poucas alternativas para as crianças queimarem calorias e extravasarem seus impulsos. Resta-lhes a mesa de refeições, onde a impulsividade para brincar é convertida em desejo de se alimentar. Essa conduta pode ocasionar compulsões alimentares, que se tornam um agravante para a obesidade.

A dinâmica exaustiva de trabalho dos pais reduz o tempo de dedicação deles aos filhos. Resta-lhes pouco tempo para ficarem com as crianças e manifestarem seu afeto. Os filhos passam mais tempo na escola, com as babás ou com cuidadores do que com a família, e a relação entre pais e filhos fica comprometida pelo distanciamento entre eles. As crianças tornam-se carentes e, quando estão com os pais, solicitam demasiada atenção. Isso desgasta e esgota a paciência, gerando discussões que comprometem o relacionamento entre eles. Os pais não sabem direito o que fazer, e os filhos não conhecem os limites da relação familiar.

Quando estão juntos, os pais se tornam exageradamente permissivos, não impõem limites, tampouco sabem dizer não. Os filhos tornam-se mimados e, em alguns casos, mal-educados. Eles percebem a inabilidade dos pais e se utilizam de apelos, e até de chantagens, para conseguir o que querem.

Não raro, os pais, sentindo-se culpados pela ausência, trazem doces e guloseimas para minimizar a culpa por estarem distantes. Quando estão juntos, "entopem" seus filhos de comida. A criança, por sua vez, sentindo-se carente emocionalmente, busca o alimento para preencher o vazio afetivo, excedendo a ingestão de comida, que provoca o sobrepeso.

Pode-se dizer que é mais fácil dar comida do que atenção aos filhos. Muitos pais não sabem como ser atenciosos. Eles acham que seu papel é apenas o de prover o alimento. Não adianta a mãe ir para a cozinha e apenas preparar a comida, é necessário trazer a criança para perto dela, saber como ela está e como foi seu dia, o que aconteceu no colégio, e assim por diante. Esse diálogo, além de instrutivo, promove a aproximação entre pais e filhos e torna-se uma boa maneira de dar carinho.

Não basta a presença física dos pais, é preciso que eles estejam de "coração aberto" e atentos aos filhos. Sentar do lado para assistir à televisão, por exemplo, ou ficar preocupados com o trabalho, com os problemas ou no telefone, não supre a criança de afeto. É necessário estabelecer um envolvimento afetivo.

Existem ocasiões oportunas para a interação entre pais e filhos, tais como levá-los para a escola ou pegá-los na saída. Esses podem ser momentos valiosos para a troca de afeto. Não se rendam ao comodismo de ter alguém que leve a criança à escola ou uma babá para acompanhar a família no fim de semana. Aproveitem essas ocasiões para a aproximação e interação de sua família. Nutra seu filho de afeto para que ele não exagere nos alimentos.

METAFÍSICA DA DOR

*Chega de sofrer, não faça tanto alarde
diante das situações inusitadas*

Antes, quem sentia dor sofria sozinho. Hoje as pessoas que padecem desse mal contam com uma infinidade de recursos, como medicamentos analgésicos, aparatos clínicos e diferentes especialidades médicas para minimizar a dor.

No entanto, não se pode dizer que agora é o melhor momento para sentir dor, pois a dor é sempre um sofrimento, não importa a ocasião.

Estima-se que, atualmente, milhões de pessoas sofram de dores crônicas. Esse tipo de dor não possui uma causa orgânica óbvia. Trata-se de uma manifestação complexa, com diversos "gatilhos" que a acionam. Ela é diferente das dores agudas, que são mecanismos de proteção do corpo e desaparecem em pouco tempo juntamente com seu desencadeador.

A dor crônica persiste durante meses ou anos e é considerada uma doença. Alguns exemplos de dores crônicas são as enxaquecas, as dores nas costas, a fibromialgia etc.

Como qualquer doença, ela precisa ser tratada individualmente e por médicos especializados. Existem também os benefícios das técnicas não convencionais, como a acupuntura, que tem sido bastante eficaz na redução desses sintomas.

Os procedimentos clínicos e medicamentosos são conhecidos, mas a investigação das causas emocionais são pouco difundidas e acessadas pelas pessoas acometidas pela dor. A Metafísica da Saúde se dedica a estudar o assunto e a apontar as condições internas que colaboram com a manifestação das dores agudas e crônicas, bem como as atitudes saudáveis que as minimizam.

Segundo a Metafísica da Saúde, as pessoas que sofrem de dores crônicas são enfáticas, geralmente atuam na vida com intensidade e possuem grande capacidade realizadora.

Ao mobilizarem seu potencial, elas promovem mudanças significativas no meio em que vivem, além de serem capazes de empreender projetos de melhoria pessoal e profissional. Enquanto os potenciais de atuação no mundo não são viabilizados para o meio em que vivem, essa força se converte em profundos abalos emocionais que afetam a saúde. Em vez de executar ações, as pessoas reprimem seu poder e começam a se ferir. Ficam indignadas com os obstáculos, frustram-se com os insucessos profissionais ou decepcionam-se nas relações pessoais.

Para não desestabilizar ainda mais o ambiente ou ferir suscetibilidades alheias, optam por se conter, transformando o potencial realizador em fonte de abalos emocionais que, metafisicamente, ocasionam as dores.

Para mudar esse padrão, é necessário rever os valores que levaram a pessoa a se colocar a favor dos outros e contra si e adquirir a consciência de que as mudanças externas melhoram as condições de vida — no começo elas abalam, mas depois surgem os benefícios. Sobretudo, é preciso respeitar sua natureza e compreender que sua intensidade não permite postergar as ações inevitáveis.

Caso esteja impedido de agir, elabore suas frustrações para evitar lamentações. Aceite os limites sem revolta.

Não queira mudar o mundo ou transformar as pessoas. Faça a sua parte, delegue aos outros ou deixe tudo a cargo do tempo; as soluções virão independentemente da sua atuação. Não se impregne com as confusões exteriores, deixe-as do lado de fora do seu ser, não polua seus sentimentos com os absurdos exteriores. Lembre-se: sua saúde é mais valiosa que todo o resto à sua volta.

A leitura do significado metafísico da dor aguda é feita juntamente com a doença que a provocou. Essas causas estão relatadas detalhadamente nos cinco volumes da série *Metafísica da Saúde*[8].

A pessoa contribui para minimizar sua própria dor quando aceita as limitações impostas pela doença, respeitando-se e cuidando de si em vez de cobrar-se eficiência nos momentos em que se encontra adoecida. A convalescença sem estresse favorece a recuperação.

---

8. Valcapelli e Gasparetto. *Metafísica da Saúde*, Editora Vida & Consciência, São Paulo, 5 vols. (2000-15).

À FLOR DA PELE

Caracterísiticas da personalidade conforme os tipos de pele do rosto

Popularmente dizemos que "os olhos são as janelas da alma". O rosto, por sua vez, é como a porta de manifestação dos sentimentos e dos componentes psicoemocionais. Pode-se dizer que o semblante é fidedigno ao que somos intimamente e não ao que queremos transmitir a quem nos cerca.

Apesar de o semblante dizer muito a nosso respeito, ele pode ser "maquiado" para disfarçar conteúdos indesejáveis existentes na intimidade dos sentimentos. É o que expressa o dito popular "quem vê cara não vê coração".

Por outro lado, aquilo que existe no coração se estampa no semblante. As pessoas podem disfarçar o que estão sentindo, mas não por muito tempo. Basta uma observação mais apurada da face, que os componentes emocionais se tornam perceptíveis.

Para compreender melhor a pele do rosto, devemos considerar suas características fisiológicas, comparativamente ao significado metafísico, que visa investigar os mais caros sentimentos e padrões de comportamento.

A pele que reveste todo o corpo representa uma linha divisória entre o interno e o externo. No âmbito metafísico, refere-se a uma área de exposição com componentes interiores e também registro das sensações produzidas pelo que acontece ao redor. Melhor dizendo, é um órgão de contato e de manifestação do ser no mundo em que vive.

Ela desempenha a função de termostato natural, regulando a temperatura do corpo. Grande parte do calor produzido pelos músculos são enviados à pele. A transpiração é um exemplo desse mecanismo fisiológico de eliminação de calor. Essa atividade equivale metafisicamente à mediação entre o ser e o ambiente.

É uma espécie de regulador emocional, que faz o intercâmbio entre os componentes emocionais e as situações do ambiente. Quando alguma ocorrência exterior impacta a pessoa e ela se inflama, sua fúria fica "à flor da pele".

O rubor facial, de acordo com a Metafísica da Saúde, significa atenção excessiva às opiniões alheias, preocupação demasiada com o que os outros vão dizer e medo de ser julgado por seus atos. Esse tema encontra-se amplamente descrito no volume 3 do livro *Metafísica da Saúde*[9].

Manchas escuras representam apego às complicações do passado. Trabalhar essas questões metafísicas implica desprender-se dos episódios nocivos de outrora e renovar-se para o presente.

Já manchas brancas ou alterações na pigmentação (despigmentações) representam a falta de credibilidade em si e de autoapoio para superar as adversidades cotidianas. A pessoa deixa de ser sua própria aliada, reprova seus atos e nega sua essência.

Os cuidados com a pele, tais como a hidratação, principalmente do rosto, representam um gesto de dedicação e atenção para consigo mesmo. A limpeza de pele é um procedimento que sugere a libertação das turbulências vivenciadas no passado.

---

9. Valcapelli e Gasparetto. *Metafísica da Saúde*, Editora Vida & Consciência, São Paulo, vol. 3, 2003.

Trata-se de uma atitude de purificação dos sentimentos nocivos e da autorreprovação decorrentes dos erros cometidos ou dos julgamentos alheios. Esse procedimento minimiza os padrões metafísicos que poderão ser somatizados, por exemplo, em forma de manchas na pele, como exposto anteriormente.

Quanto aos tipos de pele e os aspectos da personalidade, destacam-se:

Pele normal: trata-se de uma pele firme e luminosa, em que os poros praticamente não aparecem. É comum nas crianças e rara nos adultos. Esta pele expressa a personalidade espontânea, com pureza e boa receptividade. Não possui mecanismos de compensações, tampouco se protege demasiadamente dos outros, distanciando-se e rejeitando as pessoas ou os acontecimentos.

Pele seca: sua textura é fina, com baixa umidade e reduzida secreção sebácea. Possui pouca elasticidade e está sujeita a rugas precoces. Metafisicamente, esse tipo de pele representa coerência nas ações, com tendência à repressão dos sentimentos e baixa impetuosidade.

Pele oleosa: possui aspecto brilhante, úmida e gordurosa, os poros são dilatados, é mais espessa e elástica. As pessoas que possuem esse tipo de pele são mais ousadas e intensas. Costumam expor prontamente seus sentimentos ou propósitos, com ênfase e determinação. Por outro lado, podem ser resistentes e teimosas, insistem em seu propósito e opõem-se às mudanças.

Pele mista: nas laterais do rosto ela é normal ou seca e no centro da face é oleosa. São pessoas com boa capacidade de mediação das adversidades do ambiente, são flexíveis, porém com tendência a serem inconstantes em seus propósitos.

Pele sensível: trata-se de uma pele fina, que deixa visíveis no semblante os pequenos vasos sanguíneos. São pessoas que possuem elevado grau de sutileza. Sua suscetibilidade pode torná-la melindrosa, ferindo-se facilmente com o que os outros dizem a seu respeito.

De acordo com o tipo de pele, pode-se conhecer um pouco mais sobre a pessoa, suas características e tendências diante do mundo, trazendo os conteúdos do ser à flor da pele.

Além disso, pode-se também trabalhar algumas tendências negativas da personalidade, promovendo o aprimoramento pessoal.

A SOMATIZAÇÃO

Quando a boca cala, o corpo fala.
Quando a boca fala, o corpo sara

Enquanto realizava uma supervisão de Metafísica da Saúde para um grupo que já havia concluído todos os módulos do curso, uma das participantes relatou que frequentava um grupo de estudo que tem o seguinte lema: "Quando a boca cala, o corpo fala".

Tal colocação foi uma pérola de sabedoria naquele momento.

Segundo a visão da Metafísica da Saúde, expressar-se verbalmente equivale a dar vazão aos sentimentos. Quando a pessoa fala, expressa o que sente, revelando seus conteúdos interiores.

A voz é um veículo manifestador do ser e constitui uma via pela qual o ser se lança no ambiente. A fala é um movimento revelador dos horizontes internos. As colocações elogiosas, por exemplo, são feitas por aqueles que nutrem bons conteúdos em seu interior, já as queixas revelam as angústias e os sofrimentos, e a maledicência denota a maldade da pessoa.

Conhecemos o ditado popular "o peixe morre pela boca". Tudo o que se fala refere-se ao que existe interiormente. É só deixar a pessoa falar que virá à tona o que ela pensa ou sente.

Quem vive apontando as falhas dos outros, por exemplo, demonstra falta de coragem de realizar algo, por isso critica a ousadia alheia. O discurso traz conteúdos a serem despertados pela consciência. Em muitos casos, seu objeto ainda não foi assumido pelo locutor.

Para a Metafísica da Saúde, esta é uma das principais funções da fala: trazer à consciência conteúdos internos que ainda não foram devidamente compreendidos pela pessoa que está falando.

Pode-se dizer que o ouvido mais próximo à boca é o da própria pessoa, por isso o principal alvo da fala é o próprio falante. Fala-se aquilo que se precisa ouvir.

A negação se torna mais evidente nas expressões não verbais. O corpo revela, em forma de gesto e de expressões fisionômicas, aquilo que a pessoa está sentindo. O que não é verbalizado fica estampado na fisionomia ou nos trejeitos.

O enunciado "quando a boca cala, o corpo fala" refere-se às expressões não verbais. Geralmente, aquilo que é negado permanece dentro de cada um e se manifesta no corpo em forma de expressões corporais e faciais, que são altamente reveladoras.

A doença também é uma forma de manifestação dos conteúdos emocionais nocivos que não foram exteriorizados pela voz ou pelo corpo. Esses agentes não externados prejudicam o corpo e, segundo a Metafísica da Saúde, podem causar doenças.

Após ter explanado esse tema na referida supervisão de metafísica, outra participante concluiu o raciocínio do enunciado com a seguinte frase: "quando a boca fala, o corpo sara".

Essa colocação autentica o conceito da Metafísica da Saúde. A conscientização por parte do próprio doente é um fator significativo para os processos da saúde.

Como foi visto, o ato de falar traz para a consciência os conteúdos nocivos que bombardeavam o organismo e provocavam a doença. Falar faz bem para o ser, minimiza as angústias e evita a somatização de doenças.

GASTRITE OU ÚLCERA?

*Aspectos metafísicos a respeito
desses distúrbios*

Quando o estômago dói, tudo em volta perde a graça e a disposição de interagir com o meio diminui significativamente. O senso de humor é reduzido, comprometendo o apreço pelos acontecimentos.

Dentre as principais causas físicas da dor de estômago estão a gastrite e a úlcera. A gastrite é uma inflamação estomacal cujos sintomas mais comuns são as sensações de queimação e pontadas agudas na região do abdômen. A úlcera é uma espécie de ferida no estômago que provoca dor, principalmente após a alimentação.

Os aspectos da Metafísica da Saúde relacionados à gastrite consistem na preocupação excessiva com o que se passa ao redor. Qualquer ocorrência diferente da esperada provoca elevado mau humor e profunda irritabilidade na pessoa. Trata-se de pessoas que se chateiam com facilidade diante dos obstáculos e se atritam em vez de compreender. A intolerância é um traço característico das pessoas que somatizam essa doença.

A turbulência emocional gerada pela indignação com as ocorrências desagradáveis internaliza os conflitos do ambiente. A pessoa não percebe que sua intolerância com os fatos está contaminando sua mente, transformando os fatos externos em eventos interiores. Enquanto eles estiverem fora, são difíceis, mas toleráveis; quando passam a compor seu interior, ocupando a mente, tornam-se insuportáveis. Essa espécie de "ebulição" emocional é devolvida para o ambiente em forma de queixas, reclamações e até intrigas com aqueles que estão à sua volta.

Os que sofrem desse mal são pessoas intensas, que se chateiam com facilidade, não têm habilidade para lidar com os aborrecimentos de maneira imparcial e com certa moderação. Faltam-lhes flexibilidade e comedimento.

A saúde metafísica consiste em poupar-se dos aborrecimentos e ser mais condescendente. Essa moderação não só beneficia aqueles que o cercam como também evita feri-lo diante das adversidades do cotidiano.

De acordo com os aspectos metafísicos da úlcera estomacal, ocorre excesso de cobrança para consigo mesmo. Trata-se de pessoas que buscam a excelência naquilo que fazem e não admitem falhas dos outros nem de si mesmas.

O diferencial desse comportamento é que as indignações e as revoltas são internas. Dificilmente essas pessoas falam ou esboçam seus sentimentos. Elas respeitam mais os outros que a si mesmas. Esses mecanismos provocam, segundo a Metafísica da Saúde, os ferimentos emocionais.

Essas pessoas são exigentes consigo mesmas, não admitem suas fraquezas e não compartilham seus pontos fracos. Têm dificuldade de pedir ajuda e de aceitar a colaboração daqueles que as cercam. Não conseguem delegar nem confiam na eficiência alheia. Aliás, não raro subestimam a capacidade dos outros. Elas se sentem sós e desamparadas para dar conta do excesso de exigências do meio.

A saúde emocional consiste em que as pessoas sejam mais honestas consigo mesmas, respeitem seus limites e não exijam excelência no desempenho das tarefas, façam o que for possível sem comprometer o bom humor e interajam harmoniosamente com todos que as cercam.

INTOXICAÇÕES EXISTENCIAIS

Aspectos metafísicos dos impactos emocionais sobre a ingestão de alimentos

A alimentação desempenha um papel fundamental para a manutenção da vida biológica. Os alimentos são matérias-primas que o corpo precisa para produzir energia e garantir a sobrevivência orgânica. Eles representam uma espécie de combustível da vida.

A nutrição do corpo permite a utilização desse veículo da vida, possibilitando a manifestação do "ser".

Com saúde e energia, as pessoas podem se expressar no meio em que elas vivem. Paralelamente aos nutrientes absorvidos dos alimentos ingeridos, existem os conteúdos emocionais extraídos do ambiente. Os acontecimentos exteriores tornam-se uma espécie de ingrediente que compõe a personalidade, criando os meios pelos quais as pessoas se comportam perante os outros.

Do mesmo modo que surge o apetite para ingestão de alimentos, existe a receptividade para os acontecimentos exteriores. As pessoas buscam ser preenchidas pelos resultados positivos daquilo que elas realizam, bem como pelo que os outros lhes proporcionam. Essa receptividade aos episódios existenciais é positiva, favorece o aprimoramento pessoal.

Por outro lado, existem certos agravantes dessa conduta: algumas ocorrências inusitadas podem impactar as pessoas, criando desconfortos emocionais que representam uma espécie de intoxicação existencial.

Aquilo que era para contribuir com o desenvolvimento pessoal provoca desconforto e mal-estar. Não raro, as pessoas são afetadas pelas situações inusitadas da vida. Essas desestabilizações emocionais provocadas pelas ocorrências refletem na absorção dos alimentos.

Conforme o livro *Metafísica da Saúde*[10] apresenta em seu primeiro volume, a ingestão de alimentos se relaciona com a aceitação ou a negação dos acontecimentos. A forma como a pessoa reage a determinados fatos se revela na maneira como seu corpo digere certos alimentos.

Os transtornos e os abalos emocionais em relação aos episódios do ambiente podem ocasionar intolerâncias a certos alimentos e até alergias a determinadas substâncias ingeridas nas refeições.

Pode-se dizer também que os desconfortos alimentares representam as dificuldades das pessoas para elaborar as ocorrências inusitadas da vida. Os abalos e as irritações provocados pelo confronto com a realidade repercutem negativamente na ingestão de alimentos, causando desconfortos estomacais após as refeições.

As pessoas que não sabem lidar com as situações ruins e possuem baixa resistência às frustrações podem desencadear intolerâncias a certos tipos de alimentos. Alergias alimentares refletem estados emocionais de alerta a determinadas circunstâncias do cotidiano.

A relação metafísica entre o alimento e as situações existenciais consiste na associação entre a fonte produtora do alimento, sua textura

---

10. Valcapelli e Gasparetto. *Metafísica da Saúde*, Editora Vida & Consciência, São Paulo, vol. 1, 2000.

e o tipo de nutrição que ele proporciona ao corpo, comparativamente com as características dos eventos exteriores e o significado atribuído a certas ocorrências.

A similaridade entre esses fatores existenciais e os alimentos manifesta-se na hora de comer, ocasionando satisfação ou indigestão.

PREFERÊNCIAS ALIMENTARES

*O que você come revela
seu comportamento*

Na mesa de um restaurante havia um casal escolhendo os pratos para o jantar. O garçom se aproxima para tirar o pedido e começa a indagar o casal: "Optaram por macarrão ou pizza? Com vegetais ou carne? Vão querer molho picante? Uma salada de entrada? Na sobremesa, doce ou frutas?".

Os pedidos dos pratos são mais do que mera preferência de acordo com o apetite do momento; eles revelam muito sobre o estilo da pessoa no que diz respeito à maneira como ela prefere se deparar com os eventos exteriores.

Convide alguém para uma refeição e olhe para o prato que a pessoa faz. De acordo com o que tem nele é possível saber como se dirigir a ela.

Basta reproduzir o perfil dos alimentos que estão no prato e se comportar de maneira semelhante. O que ela põe no prato equivale à maneira como ela espera que as coisas aconteçam ou que os outros se comprometam com ela também.

A disposição para ingerir um alimento é a mesma para acatar um acontecimento ou aderir a um conceito.

A relação entre os alimentos e as preferências das pessoas por certos comportamentos ou a predileção com acontecimentos consistem no fato de que, além dos nutrientes dos alimentos, do sabor e da textura que aguçam o paladar, eles possuem uma relação emocional, que revela os traços da maneira preferida de lidar com os eventos exteriores.

Aquilo que a pessoa come revela algumas características quanto à sua maneira de adesão do que se passa ao redor.

VOCÊ TEM FOME DE QUÊ?

Quando a pessoa come muito um determinado alimento é porque os acontecimentos daquela natureza estão escassos no cotidiano. Exageros são movimentos compensatórios. A comida se torna um meio de preencher um vazio causado por certas ausências. O alimento ingerido excessivamente relaciona-se aos eventos escassos no dia a dia.

"Detesto aquele prato, não me venha com isso para comer que eu prefiro passar fome!" Quando a pessoa não suporta um determinado alimento é que as ocorrências daquela ordem não são nada agradáveis.

Conheça agora uma relação entre as preferências por certos alimentos e sua ligação com as características da personalidade.

Quem gosta de **massa** (macarrão, pizza etc.) prefere a companhia das pessoas queridas, mas sem exageros. Gosta de receber visitas, mas não de ser explorada por elas ou que elas demorem para partir.

Pode-se dizer que algumas horas na sua companhia ou poucos dias com elas já são suficientes. Mais que isso se torna incômodo.

Alimentos naturais, saudáveis e orgânicos são preferidos pelas pessoas que gostam de saber dos acontecimentos como são de fato, sem rodeios. Não gostam de saber algo pela metade. Gostam que falem sobre o assunto em questão e não escondam nada. Também não suportam falsidade ou alguém maldoso ao seu lado. Obviamente ninguém gosta da maldade perto de si, no entanto, quem prefere esse tipo de alimento, gosta menos ainda.

Por fim, essas pessoas não são adeptas de palavrões nas conversas ou dramalhões sobre os acontecimentos.

Gostar de **hortaliças** representa uma necessidade de conhecer o suficiente acerca dos fatos; não precisa ir muito a fundo em tudo, basta ter conhecimento do que se passa.

Já a preferência por **sementes (grãos), castanhas e pelos produtos macrobióticos** revela característica de pessoas que gostam de ir a fundo nas ocorrências do meio. Não se limitam a serem informados, anseiam fazer grandes descobertas.

Frutas e legumes representam predileção por eventos educativos e contatos que acrescentam informações, tais como ter amigos que contribuem para o seu aprimoramento e cuja conversa seja instrutiva. Nada de assuntos banais: gostam de trocar conhecimentos.

As **carnes** são preferidas pelas pessoas que apresentam uma espécie de voracidade para participar dos acontecimentos. Elas gostam de se envolver com as situações que se desenrolam ao redor, por mais complicadas que sejam. Elas pensam da seguinte forma: "se os fatos estão complicados, uma hora precisam ser resolvidos. Por que não neste momento?".

Gostam de acompanhar de perto o desfecho dos eventos difíceis, ainda que os níveis de estresse e a adrenalina aumentem. Preferem estar junto dessas ocorrências em vez de se omitirem.

Produtos picantes, condimentados e apimentados representam a preferência por viver intensamente, encarar os desafios e se lançar nas aventuras, como fatos inusitados, certas aventuras e até correr algum risco. São adeptos de situações que demandam elevados níveis de adrenalina.

Conservas. A predileção por esse tipo de alimento revela pessoas conservadoras, que gostam das coisas de acordo com suas origens, nada de muitas variedades ou inovações, preferem eventos condizentes com os tradicionais, que preservam as suas raízes, o passado e a cultura.

Peixes e frutos do mar representam pessoas que buscam a verdade maior e a conexão com a espiritualidade. Gostam de estabelecer profundos laços de amizade, são companheiras e leais para com aqueles que as conquistam.

Doces relacionam-se a afeto, carinho e docilidade. A predileção por doces é praticamente geral na população. Quem não gosta de ser tratado com ternura? Tudo fica mais fácil para ser assimilado e aceito quando apresentado de maneira afável. Por isso a predileção por diferentes tipos de doces é tão comum na população em geral.

Os salgados representam a disposição das pessoas de participarem ativamente das ocorrências exteriores. Elas gostam de estar junto dos acontecimentos, de serem convocadas a acompanhar o desenrolar dos eventos e também de fazer parte das decisões tomadas pelos grupos.

O fato de se sentirem incluídas, aceitas e participativas é suficiente para manter a dose de ingestão de sal na comida, adequada ao tempero para manter o sabor dos alimentos.

PARTE 3: VIVER COM AS CORES

A COR NA SAÚDE

As propriedades e funções terapêuticas das cores para a saúde e a qualidade de vida

As cores estão nos alimentos que ingerimos, nas roupas que vestimos, em nossa casa, no trabalho etc. A presença de algumas delas induz à alegria e à descontração, proporcionando saúde e bem-estar.

Elas sempre estiveram presentes na cultura dos povos antigos. Inúmeros relatos sobre a civilização egípcia apresentam a significativa participação das cores nos hábitos culturais e religiosos daquele povo.

Também tiveram uma presença marcante na Índia e na China, fazendo parte dos hábitos sociais e da cultura religiosa desses países.

Embora o emprego das cores como elemento terapêutico esteja presente em muitas citações antigas, a primeira obra que tratou do assunto é de 1877. Ela mencionava apenas duas cores: o vermelho agindo como estimulante, e o azul, como calmante. No ano seguinte, o doutor E. D. Babbit publicou um trabalho descrevendo o efeito terapêutico das sete cores do arco-íris.

Mas foi o cientista indiano D. P. Ghadiali quem realizou ampla pesquisa sobre a influência das cores no organismo humano. Ele trabalhou e lecionou nos Estados Unidos, onde desenvolveu lâmpadas coloridas para uso terapêutico.

Em 1933, publicou um livro no qual descreveu a significativa contribuição das cores para a saúde e o bem-estar.

A partir desse estudo de Ghadiali, o uso das cores como elemento terapêutico tornou-se bem mais frequente. Surgiram também vários livros sobre o assunto, fazendo com que a cromoterapia começasse a ser praticada em muitos países.

No Brasil, a cromoterapia tem sido utilizada em vários centros kardecistas. Um grande número de casas espíritas adotou as cores para efetuar energização devido às obras de Edgard Armond, que se referiam ao poder terapêutico das cores.

Além do kardecismo, outras filosofias também passaram a desenvolver essa prática no tratamento de vários males físicos e mentais.

INFLUÊNCIAS NO ORGANISMO

As cores surgem pela incidência da luz. A energia luminosa é composta pelas sete cores do arco-íris, como foi comprovado pelo físico e matemático Isaac Newton.

A luz solar é o princípio básico da vida orgânica e, além de fornecer calor, sua presença é indispensável ao desenvolvimento dos vegetais, permitindo que eles realizem o processo de fotossíntese.

As cores compõem as moléculas dos vegetais e sua presença nas frutas e legumes é evidente. Ao ingerirmos esses alimentos, o processo digestivo desagrega as moléculas dos vegetais, possibilitando a seleção e absorção dos nutrientes.

As cores contidas nos alimentos não são eliminadas nas fezes, mas absorvidas pelo corpo, participando ativamente das atividades biológicas. Elas não são elementos estranhos ao organismo, pois a máquina humana está adaptada para metabolizar substâncias coloridas.

Assim, o uso terapêutico das cores para a saúde é considerado um método natural, que não agride o corpo de forma alguma.

A cromoterapia baseia-se nas propriedades terapêuticas de cada uma das sete cores do arco-íris. Inicialmente, a vibração projetada pelas luzes coloridas age nos campos de força denominados *chakras*, promovendo o reequilíbrio energético deles. Em seguida, seu efeito atinge o físico, permitindo o restabelecimento dos órgãos afetados por alguma doença.

APLICAÇÃO DAS CORES

O uso de luzes coloridas é a base da cromoterapia, e o tratamento é realizado com lâmpadas coloridas comuns. Existem também aparelhos de cromoterapia, com filtros coloridos, para facilitar a aplicação das cores (que deve ser feita no local afetado pela enfermidade, com leves movimentos e a alguns centímetros de distância).

A visualização das cores é uma forma de potencializar seu efeito curativo. À medida que o terapeuta aplica a luz colorida, recomenda-se também que o paciente visualize a cor na região afetada, para melhor aproveitamento de suas propriedades terapêuticas.

A visualização também permite que as cores sejam projetadas a distância. Não existe um método especial para emanar cores para alguém — basta imaginar a pessoa envolvida pela cor desejada. O principal é descobrir de que cor a pessoa necessita.

Para isso basta saber como ela está e pesquisar, nas propriedades das cores, qual é a mais indicada para aquele caso.

Tomar água solarizada com cores é outra maneira prática de se obter os benefícios da cromoterapia. A solarização deve ser feita em uma garrafa de vidro transparente, envolvida com papel celofane da cor indicada.

Coloque água potável na garrafa e leve-a ao sol. Deixe o recipiente exposto à luz solar por, no mínimo, uma hora (se o sol estiver forte), meio dia (se o sol estiver fraco), o dia todo (se o tempo estiver chuvoso).

Após esse processo, a água já estará energizada com a cor, podendo ser armazenada em outro recipiente, colocada na geladeira etc. Não ferva nem congele essa água.

A quantidade mínima sugerida para se beber é de um copo por dia, no entanto, quanto mais a pessoa ingerir, melhor será seu efeito no organismo.

É importante mencionar que a cromoterapia não dispensa tratamentos médicos e deve ser usada paralelamente a eles.

PROPRIEDADES DAS CORES

Vermelho: vitalizador em potencial e estimulante circulatório. Aumenta a produção de glóbulos vermelhos e de ferro no sangue, portanto, é indicado em casos de anemia. Eleva a pressão arterial e energiza o fígado.

Não é recomendado usar o vermelho em casos de febre, taquicardia e pressão alta.

Laranja: desobstruidor em potencial, usado como auxiliar nos tratamentos de pedras nos rins e na vesícula. Esta cor também é recomendada para cistos, nódulos e formações tumorais benignas. É útil na desobstrução dos vasos sanguíneos e para baixar taxas elevadas de colesterol e triglicérides. Pode ser utilizado como substituto do vermelho, quando ele não puder ser empregado.

Deve-se evitar aplicar o laranja nos casos de trombose.

Amarelo: estimulante do pâncreas e dos nervos periféricos. É indicado para diabetes, atrofias nervosas e musculares. Esta cor favorece a digestão, produz efeito laxante e combate os vermes da flora intestinal. Seu efeito terapêutico abrange a pele, favorecendo a manutenção da elasticidade e a cicatrização. Também é recomendada para manchas, cravos e espinhas.

Seu uso não é indicado nos casos de infecção, inflamação, gastrite e úlcera.

Verde: possui efeito equilibrador em todo o organismo; por isso, pode ser associado a qualquer outra cor para aumentar os benefícios da cromoterapia. Além do efeito terapêutico das demais cores nos órgãos afetados pela doença, a presença do verde favorece uma breve recuperação. É indicado para qualquer problema circulatório e cardíaco e regulariza a pressão arterial. A mistura do verde com o amarelo forma o **verde-limão**, que favorece a constituição óssea, sendo indicado para a osteoporose.

O verde não apresenta nenhuma contraindicação.

Azul: é a cor com maior número de propriedades terapêuticas. Produz efeito calmante, adstringente e analgésico nos órgãos e sistemas do corpo. É indicado nos casos de pressão alta, favorecendo a coagulação sanguínea, a regeneração celular etc. Também é recomendado para todas as doenças infecciosas e inflamatórias, principalmente quando acompanhadas de febre. Ameniza a dor em qualquer parte do corpo.

Não se indica a aplicação do azul durante as cãibras.

Índigo: favorece a drenagem linfática, sendo, portanto, indicado nos processos inflamatórios. Energiza a área visual e auditiva. É recomendado em qualquer problema dos olhos e ouvidos.

O índigo não apresenta nenhuma contraindicação.

Violeta: estimula o sistema imunológico. Seu uso é apropriado para todos os tipos de infecções. Promove o fortalecimento do sistema nervoso central e ameniza complicações neurológicas. É recomendado também para tumores malignos.

Não há qualquer restrição ao seu uso.

PERSONALIDADE E COR

A cor preferida revela a personalidade

A preferência por determinada cor decorre da ressonância energética entre nós e ela. De acordo com nosso estado emocional, vibramos numa frequência compatível à faixa vibracional do matiz preferido.

Uma pessoa triste e depressiva, por exemplo, sente-se atraída pelas cores escuras; já as pessoas alegres e descontraídas preferem cores vivas e estimulantes, como o amarelo, o laranja etc.

Assim, de acordo com as propriedades da cor de sua preferência, é possível compreender algumas características da pessoa.

Obviamente, os fatores apontados neste texto não representam o ser como um todo, mas algumas peculiaridades daqueles que optam por uma das cores apresentadas a seguir.

A pessoa que não gosta de determinada cor apresenta características, preferências e comportamentos opostos de quem gosta da mesma cor.

Vermelho: as pessoas que gostam do vermelho são objetivas, extrovertidas e interagem bem com o meio. São rápidas em seus julgamentos e assumem posições definidas: não gostam de meio-termo. Segurança, autoconfiança, sinceridade e honestidade são os principais atributos dos que preferem essa cor, e geralmente apresentam temperamento explosivo. Possuem traços de liderança. Necessitam estar no controle da situação, podendo se tornar dominadores.

Quem não gosta do vermelho aspira calma e tranquilidade. Não se sente bem em ambientes agitados. Repudia a discussão e a violência. A aversão por essa cor pode também representar frustração e desânimo.

Laranja: a preferência por essa cor revela pessoas aventureiras, que gostam de desafios e têm prazer em enfrentar os obstáculos da vida.

São pessoas corajosas, arrojadas e destemidas, que não desistem facilmente de um ideal. São ágeis, criativas, extrovertidas e gostam de viver perigosamente. Rejeitar o laranja pode indicar alguém triste e sujeito a depressão ou, ainda, pessoas que negam seus impulsos mais arrojados e se sentem frustradas e fracassadas.

Amarelo: descontração, alegria, criatividade e boa comunicação são traços marcantes na personalidade de quem gosta do amarelo. Essas pessoas são colaboradoras e participam intensamente da dinâmica do ambiente.

Não gostar do amarelo demonstra certa aversão à racionalidade. Geralmente são pessoas tristes, amarguradas, pessimistas e sujeitas a depressão.

Verde: aqueles que gostam do verde são ponderados, comedidos e não se empolgam facilmente. São confiáveis e possuem um alto grau de companheirismo. Têm facilidade em idealizar, mas não são tão hábeis na execução de seus projetos. Geralmente se atrapalham e até se perdem quando precisam realizar algo. Apresentam certa subjetividade e não têm muita habilidade para lidar com sua afetividade.

Não gostar do verde representa não admitir o meio-termo, ser objetivo e ter aversão por situações indefinidas.

Azul: a preferência por esta cor é sinal de emotividade. Ternura e afetividade são características evidentes no comportamento de quem gosta do azul. São pessoas colaboradoras e companheiras, que valorizam a amizade e se mobilizam para conquistar a harmonia nas relações familiares e sociais, interagindo muito bem com o ambiente. São serenas e acolhedoras com aqueles que estão ao seu lado.

Não gostar do azul demonstra dificuldade de envolvimento afetivo, tendência ao isolamento, egoísmo e depressão.

Violeta: a liderança é um traço marcante na personalidade de quem tem o violeta como cor favorita. Requinte e bom gosto fazem parte de seus hábitos. Essas pessoas possuem uma ótica ampla e profunda acerca das situações e não se deixam levar pelas aparências. São seletivos na escolha de amigos e não gostam de superficialidade nos diálogos.

Aqueles que não gostam do violeta geralmente são revoltados com o poder, apresentam certa rebeldia em relação ao comando e à autoridade e gostam de transgredir as regras impostas por um dirigente.

Marrom: a preferência por essa cor representa maturidade emocional, objetividade, firmeza nas decisões e solidez naquilo que faz. São pessoas bastante ativas e persistentes, que não desistem facilmente de seus objetivos.

Branco: são pessoas maleáveis e flexíveis. Agem com naturalidade e apresentam delicadeza em seus gestos. Exigem sinceridade no relacionamento, não gostam de situações obscuras. Conseguem manter a serenidade mesmo em momentos de grande turbulência.

Preto: pessoas obesas geralmente gostam desta cor porque ela suaviza os traços excessivos do corpo. A inibição, o constrangimento e a tendência ao isolamento são condições de afinidade da pessoa com o preto, ou ainda o bloqueio emocional e a dificuldade em estabelecer vínculos afetivos. Por fim, pode representar também a dificuldade de integração com o ambiente e de expor seus mais caros sentimentos.

ROUPAS COLORIDAS

As cores adequadas para usar em determinadas ocasiões

A presença de cor nas roupas influencia o estado emocional da pessoa, promovendo um melhor desempenho na execução de suas atividades diárias. As cores possuem uma linguagem própria: tonalidades fortes realçam suas propriedades; as claras são joviais e envolventes; as mais escuras sugerem isolamento e indiferença.

Optar por cores que sejam opostas a determinado estado emocional negativo é um importante recurso cromoterápico de autoajuda. Na tristeza, procure usar cores alegres (tons de amarelo e laranja); no mau humor, vista roupas que sugiram calma e introspecção (azul ou índigo); na indisposição, roupas de cores estimulantes (vermelho ou laranja).

Conhecer as sensações que cada cor de roupa proporciona a quem a estiver usando e àqueles que estão à sua volta favorece a escolha da roupa ideal para o seu dia, promovendo bem-estar interior e uma boa interatividade com o ambiente.

Vale lembrar que as cores da roupa não se sobrepõem às qualidades da pessoa. Usar uma cor que não seja favorável à comunicação, por exemplo, não significa que a pessoa perderá sua capacidade de expressão. As cores contribuem para o estado interior, mas não anulam a individualidade.

Vermelho: indicado para pessoas indispostas, desmotivadas e para quem precisa enfrentar atividades exaustivas. Vestir roupas vermelhas em determinadas ocasiões sociais põe a pessoa em evidência, tornando-a atraente e sedutora.

Pessoas ansiosas ou que se irritam com facilidade devem evitar essa cor.

Laranja: sugere encorajamento e bravura, sendo ideal para os momentos em que é preciso enfrentar grandes desafios e para quando a pessoa estiver se sentindo amedrontada ou deprimida. Esta cor auxilia na expressão verbal e corporal, despertando o otimismo e a autoestima.

Em momentos de tensão, que podem ocasionar discussões, não é recomendado vestir o laranja.

Amarelo: é leve e jovial. Favorece a comunicação e transmite alegria. Esta cor é ideal para os momentos de descontração e festividade.

Pessoas inseguras e que precisem transmitir confiabilidade não devem vestir o amarelo.

Verde: sugere equilíbrio, ponderação e bom senso, permitindo uma ampla análise da situação. Proporciona serenidade ao pensar, evitando o prejulgamento e as decisões precipitadas. É excelente para a prática de atividades que exijam precisão. Seu uso é recomendado para quem esteja agitado, nervoso e estressado.

Pessoas indecisas devem evitar vestir o verde.

Azul: calma, tranquilidade e serenidade são os principais atributos do azul. Roupas com essa cor são indicadas para aliviar as tensões diárias e os desgastes emocionais. Usar azul sugere uma atmosfera que facilita a aproximação entre as pessoas.

Roupas de tonalidade azul-escura são desaconselhadas para quem apresenta tendências depressivas.

Violeta: aumenta o poder de concentração, desperta o interesse e ameniza as preocupações, proporcionando paz e elevação. Favorece o posicionamento perante as pessoas, sendo indicado para exercer uma função de comando, tomar importantes decisões e manter o controle de uma situação.

Desaconselha-se do uso do violeta em ocasiões alegres, descontraídas e festivas.

Marrom: transmite firmeza, segurança e maturidade. É excelente para os negócios. Esta cor auxilia a pessoa a ser mais direta e objetiva, transmitindo seus pontos de vista com mais consistência.

Não é recomendado para contatos afetivos, como namoro, nem para momentos de descontração com os amigos.

Branco: sugere transparência e serenidade nos contatos interpessoais. Os trajes são leves, conspirando pela paz e pela harmonia entre as pessoas. É indicado para quem se encontra em ambientes tumultuados.

Não há contraindicação em se vestir de branco.

Preto: suaviza os traços excessivos do corpo, sendo ideal para pessoas obesas. Séria e imponente, esta cor promove certa distância entre as pessoas. Por um lado, isso facilita a imposição de respeito; por outro, compromete a integração entre aqueles que compartilham um mesmo ambiente, induzindo ao isolamento.

Não é recomendado para a comunicação. Pessoas tristes, deprimidas e com baixa autoestima devem evitar se vestir de preto.

A COR NO TRABALHO

*A importância das cores
no ambiente de trabalho*

As cores são potências energéticas que se propagam na frequência luminosa. A claridade do ambiente emana as ondas das cores estampadas nas paredes ou nos objetos de decoração. Essa irradiação proporciona nas pessoas algumas sensações. Cada cor possui determinadas propriedades, que despertam estados emocionais: algumas cores são estimulantes, outras são calmantes e relaxantes.

Quando entramos num local, imediatamente notamos as cores do ambiente. Não é apenas uma questão estética ou simples observação, mas a percepção da agradável influência que as cores nos proporcionam. Sejam elas suaves ou intensas, seus benefícios são consideráveis.

O uso das cores no ambiente de trabalho exerce importante influência nos funcionários e também nos clientes. Existe uma tendência de se usar as cores-padrão do logotipo da empresa nos locais de trabalho. Elas são apropriadas para a fachada e para os materiais publicitários. Mas para utilizá-las no ambiente de trabalho, faz-se necessário observar o tipo de influência que elas exercem na equipe. Nem sempre a cor que representa a empresa é a melhor para os funcionários durante o expediente.

No ambiente de trabalho deve-se observar as necessidades das equipes e selecionar cores propícias ao ritmo de produção, contribuindo para o desempenho das atividades. Existem cores favoráveis às dinâmicas dos setores e outras que são desaconselhadas para determinada condição da equipe.

É importante usar cores compatíveis com as necessidades dos setores e que estimulem os potenciais dos funcionários, contribuindo para o exercício de suas tarefas.

Para dinamizar a atmosfera de trabalho, é viável alterar os tons das cores esporadicamente. Não são necessárias grandes reformas; a simples pintura de uma parede alterando o matiz, por exemplo, já é suficiente para renovar o ânimo da equipe e revigorar as forças, aumentando nos funcionários a satisfação de permanecer no local de trabalho. Esse procedimento contribui para o aumento da produtividade.

A seguir, listamos as propriedades de algumas cores no ambiente corporativo.

Verde: considerada a cor do equilíbrio e da estabilidade, sugere harmonia entre os integrantes da equipe e promove o bem-estar. Suaviza o estresse e é recomendada para ambientes barulhentos ou com outros agentes estressantes.

Azul: esta cor transmite calma e tranquilidade. A leveza sugerida pelo azul contribui para a integração da equipe, promovendo compreensão e sutileza nas relações interpessoais. Ajuda a recuperar as energias para os próximos períodos de atividade, sendo indicada para áreas de lazer e de descanso dos funcionários.

Amarelo: deixa o ambiente descontraído, arejado e leve. Sugere dinamismo mental, com relativo bom humor. É indicado para setores que exigem elevado grau de atenção.

Laranja: favorece a concentração e induz à objetividade e à praticidade. Acentua o dinamismo para viabilizar as tarefas. Encoraja a equipe despertando a ousadia.

NA HORA DO GOL

*As torcidas de futebol e os jogos da
seleção brasileira*

Durante as partidas de futebol observamos os brasileiros torcendo fervorosamente para o time do coração. Esse esporte é uma paixão nacional e mobiliza pessoas de todos os níveis sociais. É um assunto que possibilita a integração de diferentes níveis culturais.

Quem acompanha futebol consegue se enturmar em qualquer grupo.

Nesse meio, o preconceito não ganhou repercussão, as insinuações contra os jogadores são descartadas de maneira bem-humorada. Jogadores de todas as raças ganham simpatia e projeção em todo o mundo.

A Copa do Mundo, assim como as Olimpíadas, é um exemplo de integração em que as diferenças socioeconômicas são irrelevantes. O que conta é o preparo da equipe, a torcida e o resultado do jogo. No momento da explosão de alegria pelo gol parece existir uma língua universal dos torcedores, o "futebolês".

A maneira de torcer ultrapassa as divisas territoriais. Os alemães torcem por sua seleção como os japoneses, os italianos e outros povos. No campo, nas arquibancadas dos estádios ou diante das telas que transmitem as partidas, todas as nações torcem da mesma forma.

A diferença está nas cores das camisas, das bandeiras e de outros acessórios dos torcedores. Cada grupo expõe as cores de sua agremiação ou de seu país. As diferentes cores se estendem também às nuances do comportamento dos torcedores. Mesmo com a linguagem da torcida — o "futebolês" —, o ritmo e o estilo dos torcedores mudam.

Os brasileiros, por exemplo, cuja cor da camisa principal da seleção é o amarelo, apresentam um estilo de torcer compatível com as propriedades dessa cor.

O **amarelo** é uma das três cores quentes do espectro, também cor básica do pigmento da luz, que, misturada a outras, produz várias nuances. É um tom forte, estimulante, sugere alegria, entusiasmo e comunicação.

Essa cor representa algumas características da torcida: a alegria que leva ao estádio um grande número de pessoas; a criatividade daqueles que estão fora dos estádios; a maneira como se expressam na hora de torcer; a festividade na hora do gol e também durante o jogo, principalmente nos momentos de vantagem do time.

A sugestão de comunicação do amarelo estimula os palpites dos torcedores, que agem como técnicos. Eles criticam a escalação, sugerem a substituição de jogadores e comentam as jogadas como os profissionais o fazem na mídia.

Todos esses comportamentos dos torcedores são compatíveis com o amarelo, a cor da principal camisa da seleção.

Quando a seleção brasileira joga com a camisa azul, há uma leve amortização das características apresentadas no amarelo, e certa influência das propriedades psicoemocionais do azul.

O **azul** sugere calma e suavidade, e essas sensações são adequadas para conter os ânimos dos torcedores mais exaltados.

Esta cor auxilia nos processos de ansiedade. Quando o time está perdendo, o tempo vai passando e os jogadores não apresentam reação, os torcedores alcançam o pico da ansiedade.

Nesse momento, o azul ajuda a acalmar os ânimos da torcida. Obviamente, um gol mudaria completamente o quadro emocional, mas, se ele não acontece, o azul ajuda.

As cores da camisa exercem sensível influência tanto nos jogadores do time quanto nos adversários. Sabemos que elas são definidas pelas cores das bandeiras dos países ou das respectivas agremiações.

Quando fazemos uma reflexão sobre sua influência nos jogadores e nos torcedores, o objetivo não é substituí-las, mas compreender certas atitudes que se repetem nos grupos e, em alguns casos, sugerir a introdução de algumas cores para minimizar os excessos na hora do jogo, desde que não sejam as cores do time adversário.

Para os torcedores brasileiros indica-se, após um jogo, a cor **verde**. A pessoa pode acender uma luz verde na sala ou dormir com ela acesa durante toda a noite. Isso a ajudará a retornar ao seu equilíbrio e minimizará o estresse da partida, preparando-a para retornar a suas atividades cotidianas.

NA VIRADA DO ANO

O significado e a influência
das cores para o réveillon

A cada fim de ano aumenta o número de pessoas querendo sair do tradicional branco usado no réveillon e vestir roupas coloridas.

Para que essa transição não seja meramente estética, surge o interesse pelo significado e pela influência das cores nas roupas.

A contribuição da cromoterapia para a escolha da melhor cor consiste em indicar suas propriedades, bem como os sentimentos que cada uma delas desperta tanto em quem veste quanto em quem está ao redor.

O impacto visual das cores provoca estados emocionais condizentes com a tonalidade usada.

No momento da celebração do encerramento do ciclo anual e do marco inicial do novo ano, a cor da roupa se torna altamente sugestiva no que diz respeito à intensificação dos desejos e dos planos para o ano vindouro.

Quem optar por sair do branco poderá escolher cores apropriadas a seus projetos.

A pessoa não precisa vestir apenas uma cor. Ela pode combinar diferentes tons e cores, ou mesmo usar apenas uma peça colorida e outra branca, uma bijuteria na cor desejada e assim por diante.

O importante é conhecer os benefícios das cores para ajudar em sua escolha para a virada.

PROPRIEDADES DAS CORES

Branco: leveza, transparência e pureza. As pessoas que optam pelo tradicional branco contam com os benefícios dessa cor. Suas propriedades são condizentes com o momento da virada, pois conspiram a favor do clima de renovação, sem levar para a próxima etapa o rancor e a angústia. Começar o ano de branco é iniciá-lo em paz.

Amarelo: alegria e jovialidade. Cor da comunicação, o amarelo favorece o contato verbal com o grupo, intensificando o clima festivo da virada. Por causa da semelhança com o dourado, que simboliza riqueza, esta cor é conhecida como a cor que atrai dinheiro.

Verde: equilíbrio e bom senso. Evita a impulsividade e minimiza o estresse acumulado durante o ano. Esta cor favorece o contato com a natureza e torna os processos sincrônicos, em que tudo acontece no momento oportuno.

Azul: companheirismo e disposição para interagir com o grupo. Esta é a cor da sustentação interior, da confiança em si e da fé na vida. Ela intensifica a certeza de alcançar os objetivos propostos para o novo ciclo.

Vermelho: força de concretização e impulso para agir. Esta cor favorece a realização de projetos.

Laranja: determinação, coragem e boa desenvoltura. Usar o vermelho ou o laranja no réveillon exige certa ousadia, por se tratar de tonalidades fortes, distantes das nuances claras tradicionalmente usadas nessa ocasião.

Rosa: ternura e afetividade. Apesar de ter o vermelho em sua composição, esta é uma cor singela. Caso o seu objetivo para o próximo ano seja um relacionamento amoroso, use o rosa.

Seja qual for a cor escolhida para a virada, ela lhe transmitirá algo positivo, pois todas as cores contribuem para que o novo ciclo seja repleto de realizações.

INSPIRAÇÕES DAS CORES

*A presença das cores desperta
os potenciais do Ser*

As cores participam intensamente de nossa dinâmica de vida. Para onde quer que olhemos, vemos alguma cor. Elas se tornam um recurso que alavanca nossos conteúdos internos.

A consciência cromoterápica possibilita-nos recorrer às cores quando queremos despertar nossos potenciais, contribuindo, assim, para manifestar os recursos necessários ao bem viver.

Quando uma condição interna estiver "em baixa", você poderá se beneficiar das cores que proporcionam uma melhora nessa condição e promovem a autoestima.

Se estiver em busca de vitalidade, ânimo e motivação, sintonize o **vermelho**. Essa cor estimulará a consciência do seu potencial realizador e do poder sobre os elementos da matéria.

Se sentir-se acuado pelo medo ou acovardado diante dos obstáculos da vida, envolva-se com o **laranja**, que a coragem vai emergir, impulsionando-o a mobilizar seus recursos para vencer os desafios. O laranja despertará em você a audácia, tornando-o mais astuto.

Caso a tristeza absorva seu brilho, entre na energia do **amarelo** para resgatar sua vivacidade. Deixe verter a criatividade que promoverá os recursos necessários para administrar as contrariedades da vida. A alegria emanada pelo amarelo tomará conta do seu ser. Encare a vida com leveza e suavidade, manifestando-se alegremente.

Se estiver cometendo exageros, tomando decisões precipitadas, não fique nos extremos. Envolva-se com o **verde**, que o equilíbrio e o bom senso vão reinar em seu caminho.

A incredulidade fez você perder as esperanças? Não fique desolado! Absorva as ondas do **azul** e irá resgatar a confiança em si e a fé na vida. Essa condição proporcionará calma e tranquilidade, que são indispensáveis nos momentos de turbulência.

Se estiver limitado às situações corriqueiras e apegado aos fatos que acontecem ao seu redor, mergulhe no **índigo**. Sua consciência se ampliará e você compreenderá que a vida representa um lapso de tempo na eternidade, que o planeta Terra é apenas uma partícula no universo.

As situações que se passam na vida nada mais são que conquistas de conteúdo que se somam à vasta gama de experiência da alma. Tudo nesta vida é passageiro, mas faz parte de um processo de edificação do nosso ser.

Caso esteja submisso a alguém ou dominado pelos bens materiais, você precisa do **violeta** para compreender que os elementos da matéria são passivos à sua manipulação.

Para assumir o poder, é necessário vivenciá-lo. Essa prática ocorre quando você exerce o poder sobre si mesmo, escolhendo o caminho a seguir e dominando os próprios pensamentos.

As cores representam um significativo elemento da vida. Seu ser é a fonte do viver. Viva melhor com as cores em você.

LUZ E COR

A cor traduz a dinâmica da vida

Na escuridão tudo existe, mas nada está manifesto. A luz possibilita a manifestação daquilo que se encontrava latente.

A luz interior é a conscientização dos conteúdos que existem na alma. É a certeza de que podemos, é acreditar que somos capazes de realizar tudo aquilo que almejamos na vida.

É quando o ser sai do torpor que o mantinha desconectado de si mesmo e distante dos seus próprios potenciais e resgata a autoestima e o autovalor.

A luz interior nos lança para a realidade, que é sinalizada pela luz do ambiente. Quando a luz se irradia no ambiente, ela sinaliza tudo o que existe à nossa volta.

Por meio dela, desvendamos a realidade, identificamos os cenários que envolvem os elementos da vida material. Temos a percepção visual do mundo em que vivemos.

Os sinais luminosos permitem nossa manifestação na vida, possibilitam a identificação do que é agradável, nos estimulando a mobilizar nossos recursos internos na conquista daquilo que nos encanta. A luz nos dá o senso que norteia nossa trajetória pela vida.

Por meio dela, reconhecemos o ambiente ao nosso redor, sabemos por onde podemos caminhar, identificamos os semblantes das pessoas que estão ao nosso lado.

Por meio da luz reconhecemos a vida e identificamos a realidade. Ela nos faz ver a vida, identificar a realidade e desvendar as maravilhas da existência.

Com a luz surgem as cores. A cor traduz a dinâmica da vida, é o referencial manifestador dos nossos potenciais. Em cada raio repousa uma qualidade do nosso ser.

Identificamos as cores fora de nós. Elas se manifestam no ambiente, mas é em nós que elas realmente acontecem. Você é vida, é cor, é um ser atuante, um indivíduo que acontece, com o brilho das cores você se expressa.

Quando vemos o vermelho, externamos nosso poder sobre os elementos da matéria.

Diante do laranja, fica evidente nossa capacidade de transpor os obstáculos.

Com o amarelo, descontraímos e criamos. Com o verde, ponderamos.

E com o azul, acreditamos. Com o índigo, compreendemos. Já com o violeta, dominamos.

A COR
NO SONHO

*Seus sonhos são coloridos
ou preto e branco?*

Talvez você não tenha uma resposta objetiva para essa questão. De fato, a presença das cores nos sonhos é relativa, ora elas aparecem ora não são identificadas. Em geral as cores não são lembradas como agente central dos sonhos. Não se pode dizer que elas não estavam presentes apenas porque não foram reconhecidas ou lembradas.

Para entender como isso ocorre, é necessário distinguir os dois tipos principais de sonhos: projetivos e psicológicos.

Os *sonhos psicológicos* geralmente ocorrem na fase inicial ou no último estágio do sono. Ou seja, aquele sonho que você teve logo ao dormir ou pouco antes de acordar tem grande possibilidade de ser um sonho psicológico. Ele é fruto da criação do seu universo psíquico, geralmente produzido para minimizar as angústias, saciar os desejos ardentes ou ainda expressar os medos inconscientes.

As dificuldades existenciais podem fazer os campos da mente produzirem situações opostas aos problemas. A lembrança de momentos felizes ou a imaginação fértil que cria hipóteses fantasiosas desloca a atenção, criando uma espécie de sonho acordado.

Durante o sono, esse mecanismo é ainda mais extraordinário: você é inserido no cenário produzido pelo universo mental e sonha com eventos que minimizam suas angústias.

A produção da mente no sonho psicológico é rica em eventos e pobre em cores. Geralmente esse tipo de sonho é carente de cores.

Os *sonhos projetivos,* por sua vez, são aqueles que ocorrem nas esferas espirituais inferiores e superiores. No plano espiritual inferior, as cores são praticamente ausentes, dominando os tons de cinza e outras nuances escuras.

Ao acessar o plano espiritual superior e trazer lembranças do ocorrido, os sonhos são ricos em cores, no entanto, as lembranças nem sempre são precisas a ponto de identificar tais cores. Até as recordações do que se passou no sonho são remotas, de tal forma que as cores não são identificadas. Não se pode dizer que não havia cor no sonho só porque elas não foram trazidas à lembrança.

No tocante às cores, especificamente no plano espiritual superior, elas se configuram como um elemento primordial, são intensas e encantadoras.

Você já teve alguma experiência sensitiva ou fez alguma projeção astral? Em caso afirmativo, deve ter observado a riqueza de cores no plano espiritual superior. Elas representam a atmosfera sutil e elevada, refletindo os sentimentos puros das entidades espirituais.

As cores ainda têm o poder de acessar os potenciais latentes do seu Ser. Ao visualizar as cores, você eleva seu padrão vibracional e se conecta a seus pontos fortes, tornando-se uma pessoa melhor.

Para acessar os conteúdos internos por meio das cores, sinta-se grande e poderoso, sintonizando o violeta. Acredite intensamente, visualizando o azul para manifestar a fé. Seja ousado e destemido, aventurando-se com o laranja.

Mergulhe no vigor e use toda a sua força com o vermelho. Não perca a alegria do amarelo.

Seja feliz inserindo as cores do arco-íris em sua vida.

Grandes sucessos de

Zibia Gasparetto

Com 17 milhões de títulos vendidos, a autora tem contribuído para o fortalecimento da literatura espiritualista no mercado editorial e para a popularização da espiritualidade. Conheça os sucessos da escritora.

Romances
pelo espírito Lucius

A verdade de cada um
(nova edição)

A vida sabe o que faz

Ela confiou na vida

Entre o amor e a guerra

Esmeralda (nova edição)

Espinhos do tempo

Laços eternos

Nada é por acaso

Ninguém é de ninguém

O advogado de Deus

O amanhã a Deus pertence

O amor venceu

O encontro inesperado

O fio do destino (nova edição)

O poder da escolha

O matuto

O morro das ilusões

Onde está Teresa?

Pelas portas do coração
(nova edição)

Quando a vida escolhe
(nova edição)

Quando chega a hora

Quando é preciso voltar
(nova edição)

Se abrindo pra vida

Sem medo de viver

Só o amor consegue

Somos todos inocentes

Tudo tem seu preço

Tudo valeu a pena

Um amor de verdade

Vencendo o passado

Crônicas

A hora é agora!
Bate-papo com o Além
Contos do dia a dia
Pare de sofrer

Pedaços do cotidiano
O mundo em que eu vivo
O repórter do outro mundo
Voltas que a vida dá (nova edição)

Coleção – Zibia Gasparetto no teatro

Esmeralda
Laços eternos
Ninguém é de ninguém

O advogado de Deus
O amor venceu
O matuto

Outras categorias

Conversando Contigo!
Eles continuam entre nós – vol. 1
Eles continuam entre nós – vol. 2
Eu comigo!
Momentos de inspiração

Pensamentos – vol. 1
Pensamentos – vol. 2
Recados de Zibia Gasparetto
Reflexões diárias

Conheça os sucessos da
Editora Vida & Consciência

Marcelo Cezar
pelo espírito Marco Aurélio

Acorde pra vida! (crônicas)

A última chance

A vida sempre vence

Coragem para viver

Ela só queria casar...

Medo de amar

Nada é como parece

Nunca estamos sós

O amor é para os fortes

O preço da paz

O próximo passo

O que importa é o amor

Para sempre comigo

Só Deus sabe

Treze almas

Um sopro de ternura

Você faz o amanhã
(nova edição)

Amadeu Ribeiro

A visita da verdade

Juntos na eternidade

O amor não tem limites

O amor nunca diz adeus

Reencontros

Segredos que a vida oculta vol. 1

Mônica de Castro
pelo espírito Leonel

A atriz

Apesar de tudo...

Até que a vida os separe

Com o amor não se brinca

De frente com a verdade

De todo o meu ser

Desejo – Até onde ele pode te levar? (pelos espíritos Daniela e Leonel)

Gêmeas

Giselle – A amante do inquisidor (nova edição)

Greta (nova edição)

Impulsos do coração

Jurema das matas

Lembranças que o vento traz

O preço de ser diferente

Segredos da alma

Sentindo na própria pele

Só por amor

Uma história de ontem

Virando o jogo

Ana Cristina Vargas
pelos espíritos Layla e José Antônio

Além das palavras (crônicas)

A morte é uma farsa

Em busca de uma nova vida

Em tempos de liberdade

Encontrando a paz

Intensa como o mar

O bispo (nova edição)

O quarto crescente (nova edição)

Sinfonia da alma

Eduardo França

A escolha
A força do perdão
Enfim, a felicidade
Vestindo a verdade

Floriano Serra

A outra face
A grande mudança
Nunca é tarde
O mistério do reencontro

Lucimara Gallicia
pelo espírito Moacyr

O que faço de mim?
Sem medo do amanhã

Lúcio Morigi

O cientista de hoje

Flavio Lopes
pelo espírito Emanuel

A vida em duas cores
Uma outra história de amor

Gilvanize Balbino
pelos espíritos Ferdinando e Bernard

O símbolo da vida

Leonardo Rásica

Luzes do passado
Celeste – no caminho da verdade

Márcio Fiorillo
pelo espírito Madalena

Em nome da lei

Rose Elizabeth Mello

Desafiando o destino
Verdadeiros Laços

Evaldo Ribeiro

Eu creio em mim
O amor abre todas as portas

Carlos Henrique de Oliveira

Ninguém foge da vida

André Ariel Filho

Surpresas da vida
Em um mar de emoções

Maura de Albanesi
pelo espírito Joseph

O guardião do sétimo portal

Sérgio Chimatti
pelo espírito Anele

Apesar de parecer... Ele não está só
Ecos do passado
Lado a lado
Os protegidos

Conheça mais sobre espiritualidade com outros sucessos.

vidaeconsciencia.com.br  /vidaeconsciencia  @vidaconsciencia

Rua Agostinho Gomes, 2.312 — SP
55 11 3577-3200

contato@vidaeconsciencia.com.br
www.vidaeconsciencia.com.br